培养高中生英语
书面表达能力的行动研究

杨玉乐 著

合肥工业大学出版社

图书在版编目(CIP)数据

培养高中生英语书面表达能力的行动研究/杨玉乐著 . —合肥:合肥工业大学
出版社,2023.12

ISBN 978 - 7 - 5650 - 5263 - 7

Ⅰ.①培… Ⅱ.①杨… Ⅲ.①英语—写作—教学研究—高中 Ⅳ.①G633.412

中国版本图书馆 CIP 数据核字(2021)第 152910 号

培养高中生英语书面表达能力的行动研究

PEIYANG GAOZHONGSHENG YINGYU SHUMIAN BIAODA NENGLI DE XINGDONG YANJIU

杨玉乐　著

责任编辑	张择瑞	
出版发行	合肥工业大学出版社	
地　　址	(230009)合肥市屯溪路 193 号	
网　　址	press. hfut. edu. cn	
电　　话	理工图书出版中心：0551 - 62903204	
	营销与储运管理中心：0551 - 62903198	
开　　本	710 毫米×1010 毫米　1/16	
印　　张	13.5	
字　　数	257 千字	
版　　次	2023 年 12 月第 1 版	
印　　次	2023 年 12 月第 1 次印刷	
印　　刷	安徽联众印刷有限公司	
书　　号	ISBN 978 - 7 - 5650 - 5263 - 7	
定　　价	50.00 元	

如果有影响阅读的印装质量问题,请与出版社营销与储运管理中心联系调换。

序

　　杨玉乐老师的著作《培养高中生英语书面表达能力的行动研究》即将付梓，邀我作序。本人自觉才疏学浅，恐难胜任，然思及可先睹为快，遂欣然接受。拜读之后，觉得受益匪浅。

　　作为安徽省正高级、特级教师，杨玉乐老师从事高中英语教学三十多年，他酷爱读书，勤于反思，乐于探索，不懈追求。杨老师善于在教学中发现问题，并在教学中积极去解决问题，不断提升自己的教育教学水平，赢得了社会的广泛好评。

　　本书是他带领的课题团队三年汗水的结晶。随着《普通高中英语课程标准（2017年版2020年修订）》的实施，师生使用新的教材，将面临新的高考题型，作文分数也将从当前的25分提高到40分，从而对学生书面英语表达能力提出了新的要求。而对一线教师调研的结果表明，高中学生的英语书面表达能力与未来高考的要求相比，还有差距。究其原因，一方面，旧版本的教材内容时代气息不强，聚焦单元主题意义内容不够紧密，单元写作话题与学生实际生活的关系不够紧密；另一方面，教师对写作教学重视程度不够，"老师布置—学生写—老师改"的简单教学方法有待改进，教师缺乏对写作教学过程的观察和思考，学生缺少写作前的准备和写作过程中的帮助，学生作文反馈形式单一。最终导致学生不想写，不能写；教师不愿批改。杨玉乐老师团队就是为了解决这一教学中的现实问题，花费三年时间，贯穿高中学生成长的三个学年，跟踪研究如何培养高中生英语书面表达能力。作为安徽省教科院省级课题"培养高中生英语书面语言表达能力的实践研究"（编号：JK18050）的成果，本书目标明确，文献综述全面，研究方法科学，研究过程扎实，材料收集翔实，数据处理可信，成果达到预期。本研究所提炼的英语写作教学模式理念新、效果好，成果推广成效显著。

　　本书具有以下几个突出亮点：

　　（1）研究方法可行。本书是行动研究的成果，是实践者的研究，参与教师是研究的设计者、实施者、评价者和使用者。他们基于自己教学的问题，研究自己的学生，自己制订和实施计划，从而解决问题。在这个过程中，他们又不断提出疑问和反思，在反思中获得启示。故对于中学老师而言，最为切实可行，也具有示范意义。

（2）过程描述翔实。从问题提出到解决，所用问卷调查、访谈、观察全面真实；教学设计和讲评课例实录鲜活；成果提炼客观真实。没有深奥难懂的学术，有的是栩栩如生的描述。

（3）学科核心素养落地。虽然课题组使用的是北师大高中英语教材（2009年版），但他们活用了教材，优化了单元内容，践行了基于学科核心素养的英语学习活动观。研读范文就是在挖掘主题意义，强化语篇知识，为写作准备"脚手架"；合作写作是新课程标准所倡导的学习策略；自评互评凸显了学生的课堂主体地位。

能力培养重在过程，学生在过程中习得语言知识、获取情境体验、学会合作与责任、拓宽文化视野、磨炼思维能力，这自然会带来语言能力的提高。

作为英语教师，我们都走在课改的大路上。唯有教研结合，研究自己的课堂，才能给我们的课堂注入活力，给我们的成长注入动力。所以，《培养高中生英语书面表达能力的行动研究》一书值得一读。本人认为，这本书对于广大英语教师具有重要的启发和借鉴意义，相信读者定会大有收获。

2023 年 6 月 8 日

胡健，安徽大学国际教育学院院长、安徽大学外语学院学术委员会主任、博士生导师，兼任中国高等教育学会外语教学研究分会常务理事、中国英语写作教学研究会常务理事、中国认知诗学研究会常务理事、安徽省外国语言文学类专业合作委员会秘书长、安徽省外国留学生教育管理学会副会长等职。

前　言

《普通高中英语课程标准（2017 年版 2020 年修订）》（以下简称《课标》）对高中生英语书面表达能力提出了更高要求，如，运用语篇衔接手段，提高表达的连贯性；有意识地选择和运用语言；设计合理的语篇结构等。高考英语的写作部分也明确要求，主要考查学生的写作能力，其中包括写作的流利性、准确性和得体性。

但在高中英语的实际教学中，由于教材内容多、课时相对少等原因，教师对学生的写作常是重结果而轻过程。写作教学常在"学生写—教师改—简单讲评—范文背诵"的层面上，且写作常作为学生的课后作业。写作教学缺少互动和过程性指导。这样，学生对英语写作兴趣不浓，自信心不足，有畏难情绪。写作成了学生不愿完成的任务，多数学生的写作能力没有达到《课标》的要求。所以，该如何改进写作教学，以培养学生的写作兴趣，从而提高学生的英语写作能力？这个问题一直促使着笔者在实践中思考和探索。

自主学习、合作学习、探究学习的学习方式是教育界近些年发展起来的重要学习理念和学习方式。其中，合作学习关注的是学习者与人沟通、愿意与他人分享各种学习资源和合作完成学习任务的能力。它要求教师精心组织小组合作学习与探究活动来培养学生的合作学习意识。同时，《课标》要求，教师要培养学生主动参与学习活动并尝试自我评价和同伴互评，养成自我反思的习惯。这给笔者的研究指明了方向。

自 2005 年以来，笔者一直在自己任教的班级进行写作教学的行动研究，完成了省级课题"关于'合作写作与自我评析'英语写作模式的课堂探索"，并获安徽省教育教学科研成果二等奖。行动研究没有终点，面对新教材、新学生和新高考，在新一轮的教学改革中，要改变学生的学习方式就必须改变教师的教学方式。教师要想改变自己就必须进行教学研究，而要做教研，自然就离不开对课程标准及相关理论的研读。只有这样，教师才能在自己的教学实践中发现问题，积极地去解决问题；努力践行指向学科核心素养的英语学习活动观，让学科核心素养真正在课堂落地生根。

为此，我和工作室的成员组成了课题组，申报了 2018 年的省级课题"培养高中生英语书面语言表达能力的实践研究"，获省教科院批准（编号：JK18050）。自 2018 年 9 月开始，课题组成员在自己所在学校的部分班级开展了此项课题的研究。通过问卷调查、访谈等途径，课题组了解到学生写作困难的原因，制定并推进了"基于教材单元话题，范文研读，合作写作和自评互评"的过程性写作教学的行动研究。课题研究历时三个学年，虽遇种种困难和困惑，但在全体成员的努力下，课题研究取得了预期的成果，得到了市教科院领导的认可，两次组织全市范围的课题成果推介会，赢得了同仁的好评。

笔者撰写此书的目的是和大家分享课题研究的成果，为过程性英语写作教学研究提供案例参考，以期引发思考。本书主要包含五章。

第 1 章是课题研究的综述。基于高中生写作的现状，通过调研找出问题的根源，提出解决问题的假设。

第 2 章是文献综述。主要整理国内外有关提升高中生英语书面表达能力的研究文献，包括以读促写、合作学习理论、合作写作理论、自评互评、过程性写作等相关研究成果。

第 3 章是研究方案的制订与实施。主要包括要解决的问题、可以采取的方式和手段、实验班信息；还包括合作小组的建设、合作写作、自评互评和过程性写作的步骤和要求等。

第 4 章是研究数据分析。主要包括研究的阶段性成果，研究过程中出现的问题及解决的途径，实施方案的优化，研究过程相关数据的分析和课题成果等。

第 5 章是结论。主要包括研究的主要发现和意义，对相关研究的启发和思考，以及今后努力的方向。

本课题得以圆满完成及本书的成功出版，离不开合肥市教科院和合肥一中领导的关心支持，离不开团队成员的鼎力配合。谨此衷心感谢：市教科院王德美老师，合肥一中刘晓静、吴福军、朱丽君、李婷、徐鑫、王赛云、曹南学、陆卉、陈娜，合肥四中胡晓娟、朱美玲等老师。

由于笔者水平有限，不妥之处在所难免，敬请批评指正。

杨玉乐

2023 年 6 月

目　　录

第 1 章　课题研究综述

《普通高中英语课程标准（2017 年版 2020 年修订）》（以下简称《课标》）将"语言能力"定位为英语学科核心素养的基础，即在情境中，以听、说、读、看、写等方式正确理解和合理表达的能力。

《课标》对必修和选择性必修模块有关书面表达技能的要求是：

1. 清楚地描述事件的过程；2. 描述个人经历和事物特征；3. 借助连接词语、指示代词、词汇衔接等语言手段建立逻辑关系；4. 借助标题、图标、图像、表格、版式等传递信息、表达意义；5. 根据表达目的选择适当的语篇类型；6. 根据表达需要选择词汇和语法结构；7. 根据表达需要选择正式语和非正式语；8. 运用语篇衔接手段，提高表达的连贯性；9. 根据表达的需要，设计合理的语篇结构。

在"高中英语学业质量水平二"的"质量描述"中有关书面表达的质量要求是："能在书面表达中有条理地描述自己或他人的经历，阐述观点，表达情感态度；能描述事件发生、发展的过程；能描述人或事物的特征、说明概念；能概述所读语篇的主要内容或续写语篇；能在表达过程中有目的地选择词汇和语法结构，确切表达意思，体现意义的逻辑关联性；能使用多模态语篇资源，达到特殊的表达效果。"

《中国英语能力等级量表》（以下简称《能力量表》）的"书面表达能力总表""基础阶段"的最高级（三级）的要求是：能简单说明身边所发生事件的起因、过程、结果等，用词基本准确；能使用简单的语言评论熟悉的事物并提供理由，表达基本通顺；能通过书面形式，如邮件、微信等社交网络，有条理地介绍自己的日常活动。

"提高阶段"最低级（四级）的要求是：能就熟悉的话题表达自己的观点，并使用一定的证据支持自己的观点，具有较强的说服力；能记叙个人经历和身边的活动，如校园活动等，使用常见的修辞手法，语句通顺，叙述完整；能通过社交媒介，如邮件、网页等简单讨论社会文化类内容，如传统节日、风俗习惯等。

可见，《课标》和《能力量表》对高中生的英语书面表达能力提出了较高要求，但目前在高中英语教学中，学生的书面表达能力训练缺乏科学性和系统性。究其主要原因，一是教师一味重结果评价而轻过程指导，及对学生习作反馈的时间过长且简单；二是 2018 年前的教材内容相对陈旧，话题缺乏灵活性和现实感，培养学生语篇意识的内容不足。

本课题的研究基于《课标》对高中生英语书面表达的要求，目的是通过"以读促写、合作写作和自评互评"的过程性写作模式来培养高中生的英语书面表达能力。

1.1 研究背景

当谈及英语的语言技能（听、说、读、看、写）时，"写"通常被放在最后，因它是语言的输出技能，取决于语言的输入量。在中国大陆，英语作为外语来学习，人们普遍认为，用英语写作是困难和费时的过程。中学生通常缺乏一定量的目标语言输入，也缺乏使用目标语言的环境。他们习惯于在英语考试中做选择题，所以常把英语写作看成一个具有挑战性的、很难完成的任务，这可能会导致学生对英语写作的担心，产生一定的写作焦虑。

国内的一线教师一直在探索培养高中生英语书面表达能力的新途径。既然英语书面表达能力是英语语言习得后再输出，前提是有可借鉴的语言素材和思辨的原材料，因而恰当的语言输入是培养书面表达能力的基础。所以，张献臣（2018）提出课文是教材的灵魂，它承载着一个单元的词汇、语法、文化、话题、篇章结构、阅读策略、思维能力、情感态度、审美情趣等各方面的教学功能。课堂教学的依据是教材，教材是信息的载体，是练习写作的基础，是作文素材和表达的模板和源泉。因此，在阅读教学中，学习者接受有意识的、有针对的语料输入，拥有一定量的语言积累且进行有效的内化，继而才能发生表达、复用和创造。

王蔷和程晓堂指出，为了使写作教学更有效，过程性写作训练，即指导学生写作的每一步很有必要。杨玉乐做了"合作写作与自我评析"过程性英语写作训练的行动研究，学生书面表达能力明显提升。李丹指出，针对学生写作兴趣不浓、文本内容缺乏整体性和连贯性、语言贫乏等诸多方面的问题，可探索将支架理论运用到写作教学中，通过搭建有效的写作支架，循序渐进地引导学生建构写作知识，发展写作技能。基于支架理论的英语写作教学主要体现在写作准备阶段、写作过程中以及文章修改阶段为学生提供支架。

人教版高中英语必修一教参书第一单元指出，让学生与同伴交换写作的意见有三方面的好处：一是学生学会相互合作和帮助；二是增强学生对提高自己习作质量的责任感；三是能减轻来自老师的压力。

基于现有研究成果，本课题意义在于，在写作教学中，还给学生一个发现意义、创造意义的过程。

一线教师对"读与写结合"进行了大量的实践，提出读后续写和读写结合的策略。而如何将书面表达的训练与平时的阅读结合起来，且以合作写作和自互评的方式进行书面表达的研究却很鲜见。研究者提出假设，基于以读促写、合作学习理论和过程写作理论，通过"基于教材单元话题、以读促写、合作写作和自评互评"的写作训练来减轻高中学生的英语写作焦虑，提高他们的写作兴趣，从而培养学生的书面表达能力，促进学生英语学科核心素养的养成。

1.2　高中学生写作现状

尽管教师对写作课有了一定程度的重视，但由于教学任务重等原因，通常仍采用"学生写—教师改—简单讲评—范文背诵"的模式，且常是学生课下写作文，少有过程性的写作教学课。这样，写作就成了枯燥无味的"任务"。学生对英语写作话题因缺少生活体验而没了兴趣，所以常懒于动笔；同时，由于学生自信心不足，对提高英语写作能力有畏难情绪。

国内的一线英语教师通过对高中英语写作的研究，得出几乎相同的看法：

冯燕芳指出了高中英语写作中存在的三个问题：一是写作内容过于简单；二是学生思维比较混乱；三是学生习作达不到交际目的，达不到《课标》的要求。

王凤娇认为，对于许多高中生来说，写作文是件很苦恼的事情。高中生写作主要存在以下几个问题：首先没有写作兴趣，"无话可说"；其次，学生下笔前没有思考整体的作文提纲框架，作文缺乏整体性和连贯性；再次，学生所用词句过于简单，且整个语篇中能看出中文的痕迹，即中式英语。

王为忠指出了高中英语书面表达训练存在的误区：随意确定写作话题；表达形式模板化；写作时间仓促；讲评流于形式；讲评忽视内容。

综上所述，目前中学英语写作教学没有很好地把写作和阅读结合起来，使学生对所写话题的词汇及语篇等知识积累不足，少了"脚手架"；写作作业常放在课后，写作过程常被忽略，学生得不到想要的帮助；写作只是课后的作业，必须完成的"任务"，学生自然不能很好地用所学语言去表达思想，去实现交际的目的；写作讲评课流于形式，学生参与和回应度不高。这样，学生的习作就会出现词汇简单且常重复的问题，作文缺乏连贯和流畅度。而由于老师的反馈形式单一，反馈内容简单，反馈不够及时，学生自然对老师的写作反馈缺乏思考，所以写作能力提升缓慢。

1.2.1　学生角色

传统教学中，老师要求学生所写的话题常是教材要求或老师指定的，有些话题常远离学生的经历而不能引起他们的兴趣，如写你在农场度过的一天。城里大多数孩子根本没去过农场，最多是书上读到的一点关于农场的知识。他们既没有生活实践情境的体验，也因传统教学而没有学习探索情境的体验。经历和兴趣恰恰是写作中至关重要的因素。学生不得不在给定的时间里独自完成写作，因写作过程中得不到帮助而痛苦；最后，可能是一周甚至更长一段时间后，老师给出作文的整体反馈，但学生关心的是分数的高低，仅此而已。所以，同样的错误可能会反复出现。

写作成了学生不愿做但又不得不做的事，甚至是担心害怕的任务。写作是应试的、被迫的，而不是学生表达思想和交流的途径。这样，学生对英语写作是被动的、消极的。

1.2.2　教师角色

老师知道学生不愿写，但又不得不要求他们写，否则学生的书面能力得不到培养。同时每周五节（40分钟/节）的英语课时，似乎难以完成教学任务，于是老师通常是给写作题目和几点提示，然后让学生在课后完成作文。这样，老师对学生写作过程了解甚少，更谈不上指导了。在英语的所有作业中，批改作文最让老师头痛，这不仅是因为学生习作的可读性差，错误百出，而且还因为两个班（100多篇）的批改量大，所以老师对学生作文的反馈常是笼统的，用红笔划出作文中出现的语法和拼写错误，然后给一综合分数。至于学生作文中的内容是否适当、逻辑是否清晰，以及语言是否准确、得体和流畅就很难顾及了，最多是对个别句型及短语的错误给点提醒，但没有告诉"为什么"。这样，学生只能自己去悟了。所以，老师能给学生修改作文所需的帮助很少。对老师来说，一次作文的批改常是6至7个小时"煎熬"，一种沉重的心理负担，一种乏味的工作。因不情愿再阅同一篇作文，所以对批阅过的作文学生是否有回应也就不想再过问了。由此可见，老师对写作是被动和被迫的。

1.2.3　英语写作教学现状

现行的英语写作教学模式主要有以下三个方面的不足：一是，教师视学生的写作为结果，且认为学生应该知道怎么写，并把写作当作对学生能力的测试，这似乎是一个要严格遵守的线性的程序；二是，教师关注的是写作的形式，如词汇、语法、句法、结构等，而写作的内容主要被看作对所学语法和组织结构的准确表达以及词汇的正确选择；三是，写作教学没有基于单元整体的"大观念"，对主题意义的挖掘不够，学生语篇知识学习不足。这样，学生写作只能从某个人那里得到有限的信息和建议——教师的单方面反馈；缺少对学生结构化知识的拓展和积累；缺少通过写作对教材主题意义的内化。这不仅限制了学生可获得的充足信息，而且不能很好地激发学生写作的积极性，更谈不上对学生学科核心素养的培养。

用这种方式训练学生写作常是事倍功半，学生的写作能力是有缺陷的，最后进入高三，教师们就不得不给他们精选一些范文让他们机械地背诵，在模拟考试中套用。一旦考试是基于学科素养的写作话题，学生就会因感到陌生而无话可说了。

这样的写作模式会使学生对写作失去了兴趣，甚至有畏惧心理，逐渐产生了一定程度的写作焦虑，从而失去学好英语的信心。这导致相当一部分学生的书面表达能力没能达到《课标》要求的水平。

1.3　待研究班级现状

近年来，教育主管部门对高中班级人数给了"上限"，但研究者所任教的班级人数还是有 50 人以上。就语言学习来说，这依然是"大班"，因国外把超过 30 人的班级称作大班。因为推进教育均衡，高一新生中有 85％是指标到校学生，全年级学生中考总成绩有 100 多分的差距，英语成绩相差 30 多分，差别相当明显。

同时，由于升学压力的影响，英语教学的目的在一定程度上是让学生拿高分，帮助他们考入更好的大学，这是社会及家长的期待。当然这与素质教育的要求并不矛盾，因为高考有"双向"指导作用，即在为国家选拔人才的同时，也是为推进教育改革服务。为班级取得好成绩，让学生叫好，让家长满意，教师常会有急功近利的思想。每周的五节课常用来处理课文，讲评试题，至于写作，多是老师课堂布置，学生课下单独完成。这样，可以减少对有限课时的"消耗"。在作文的反馈上，学生得到的常常只是来自老师的一个整体的分数和标出错误的红线。对于学生习作质量不高的问题，让他们背诵同类的范文似乎最"有效"。所以，实验班学生习惯于"在家"完成有范文可"套用"的写作任务。

1.4 研究的假设

许多写作研究者指出，一个积极的、友好的、使学生感到能自由地去冒险的写作环境是必不可少的。学生需要同伴以及老师的支持。那么，基于教材范文阅读，合作写作和自评互评对于降低学生的焦虑、培养学生写作能力又会如何呢？

Ike 主张在写作教学中运用头脑风暴的创造性的写作方法。他强调，英语教师面临的一大挑战是如何在教学中训练学生写作。他的方法包含五个简单的步骤。其中，小组写作和同伴合作是重要的部分。但他的实验仅仅是建立在美国北部的一所大学课程的基础上。

下面是 Tsui 选自他的学生对英语写作训练的描述：

（1）我们在课堂上有许多的讨论，这非常有趣。我可以得到同学的帮助。如果写作文全部由我自己来完成，我觉得很难且无聊。

（2）未来，我想老师会给我们更多有趣的练习，且都要求小组讨论。

Tsui 得出结论，写作前的讨论可以让学生感到写作很安全。由此可知，写作组可以给每位成员提供一个写作时能及时获得帮助的愉快的氛围。

Ghani 强调小组写作是通过讨论和向同伴学习提升创造力的一种方法，同时为师生提供了一种保持兴趣和激励所需要的一种改变。

Cooper 强调写作只能从社会背景的角度理解，而不是被作为一个单一的事情，因此有必要在写作教学中采用合作写作小组。

王蕾和程晓堂建议，如果一组学生一起讨论话题，会更有效率，因为他们的思想可以相互启发。当然，小组不一定写同一个话题，即使是同一个主题，他们可能会侧重于不同方面的不同点。

在对学生作文的反馈方面，Ancker 做了一个行动研究，其中教师不再主动纠正学生错误而是鼓励自我修正和同伴纠错。他们不太关注如何防止学生犯错误，而是集中培养学生的交际能力，尽管许多学生仍然期望甚至要求老师纠正他们所有的错误。

Makino 认为，自评有两个优点：一是教师的提示给学生一个机会去反省自己的写作和关注所写的结构形式；二是学生可以激活纠正自身错误的语言能力。

罗少茜指出，鼓励和辅助学生进行批判性阅读和写作是教师在教学中必须做的，而引导学生进行创造性写作就是培养学生批判性阅读和写作能力的一种表现。创造写作教学包括七个步骤：（1）自我发现（self‐discovery）；（2）小组活动（group tasks）；（3）确定感兴趣的话题（interesting topics）；（4）同伴反馈（peer reviews）；（5）分享（sharing）；（6）讨论（discussion）；（7）同伴激励（group pride）。

从这些研究中，研究者可以得出这样的结论：在一个合作写作组，同伴或小组讨论和修正已被证明是学生互相学习的一种有效方法，识别同伴写作中的错误给学生的学习提供了又一次机会。帮助同伴修正或编辑能鼓励学生相互学习。所有这一切可以降低高中英语写作焦虑。基于专家和教师所做的研究，本研究的假说是通过"以读促写，合作写作和自评互评"的过程性写作模式来培养学生的写作兴趣，使其增强信心，减少写作焦虑，从而提升书面表达能力。

1.5　本次行动研究及课题组概况

与所有的行动研究一样，首先课题组必须明白：研究要解决教学中的什么问题？解决这个问题的意义是什么？国内外在这方面的研究有哪些进展？解决这个问题需要什么主客观条件？预期的成果是什么？

1.5.1　本次行动研究的意义

《课标》和新高考对学生的英语书面表达能力提出了新的要求、新的高度。但正如王德美所说，"高中生写作兴趣不浓，写作水平也与高中英语课程标准的目标要求存在较大差距。"

笔者从事高中英语教学已 38 年，在英语写作教学中同样发现了学生对写作的"不情愿"，甚至是焦虑。所以，如何有效培养学生的写作兴趣，提升学生的英语书面表达能力，一直是我努力想破解的难题。

本课题研究的主题是，用"基于北师教材，以读促写，合作写作和自评互评"的过程性写作教学模式来培养高中生的英语书面表达能力。这类主题的行动研究在国内外并不多见。

教材是信息的载体，课文是教材的灵魂，它承载着一个单元的词汇、语法、文化、话题、篇章结构、阅读策略、思维能力、情感态度、审美情趣等各方面的教学功能。它是练习写作的基础，是作文素材和表达的模板和源泉。写前激活单元话题知识，研读写前范文，就是帮助学生获取写作所需的语篇主题、内容、文体结构、语言特点、话题词汇、作者观点等知识；合作学习和自评互评是《课标》反复强调的教学实施建议。自主、合作、探究的学习方式是被实践证明的最有效的学习途径；自评互评把教学评价变成主体参与、自我反思、相互激励、共同发展的过程和手段，这有助于培养学生的主体、责任和合作意识。

所以，本课题研究的意义在于：在理论上，在一定程度上丰富以读促写、合作写作和过程性写作课堂教学理论，践行指向英语学科素养的英语学习活动观，促进学科核心素养在课堂中落地生根。实践上，丰富学生语篇知识，积累话题词汇，培养学生写作兴趣，提升学生思维品质和文化意识，提高学生写作能力。同时，增强学生的责任意识和合作意识。

多年来，笔者在教学实践中乐总结、勤思考、勇探索。主持完成了省级课题《关于"合作写作和自我评析"英语写作模式的课堂探索》，并获安徽省基础教育课程改革教育教学成果二等奖。本次课题研究就是基于上一轮行动研究所取得的成果，在进一步总结、反思和优化的基础上进行的；同时，由于是行动研究，研究者就是问题的提出者，计划的实施者，过程的反思和调控者，数据分析和成果的提炼者，而客体就是与研究者朝夕相处、一起成长的学生。在教中研，在研中教。它不需要高深的学术，它需要的是研究者好学、勤思、善研和执着。研究者坚信，虽然研究过程会有困难和困惑，但收获的一定是学生学科素养的提升和研究者在育人方面的成长。所以，本课题研究有经验可鉴，有力量可依，有成果可期。

当然，笔者知道，每一个行动研究都是螺旋上升的，是一个向着更高阶段的漫长的研究过程，但不断积累的经验会给未来研究以启示。

1.5.2　研究的目标和内容

1. 研究目标

课题研究践行指向英语学科核心素养的英语学习活动观，要达到的目标是：

（1）丰富高中英语写作教学策略

相对于传统的高中写作教学方式，基于教材的"以读促写、合作写作和自评互评"的过程性英语写作教学模式指向学科核心素养，是在践行英语学习活动观。在实践中不断研磨，使之成为高中英语写作教学的新模式，成为培养高中学生英语书面表达能力的有效途径。

（2）促进学习方式的转变

学生主动研读范文，积极获取写作的"脚手架"；合作写作给学生"写什么"的话语权，给他们获取同伴帮助的机会及合作学习的乐趣；学生的自评互评是他们在课堂中主体地位的凸显，是向"自主、合作和探究"学习方式的转变。

（3）提升学生的语用能力

研究者科学、系统地规划三年的写作教学任务，精心设计写作教学活动，扎实实施研究方案。在过程性的写作教学中，学生学会在阅读中积累，学会在合作小组的活动中使用所学语言，真正把写作变成自己表达思想的途径，从而不断提升语用能力。

（4）提升参与教师的教科研能力

行动研究者是设计者、实施者和评估者。参与教师唯有乐于学习，勤于思考，勇于探索和坚定执着的信念，才能做到以学养教，以研促教，才能顺利完成课题研究，而在这个过程中的学、思、研定会提升参与者的教研能力。

基于对实验过程的总结和反思，课题组全体成员要积极参与教育行政部门组织的各类大赛，努力在省级以上刊物上发表论文。

2. 研究内容

要解决问题，就要先找出产生问题的原因，思考解决的办法，制定实施方案并扎实推进。所以，本课题要研究的主要内容是：

（1）摸清原因

要通过问卷、访谈、课堂观察等手段，弄清影响高中生英语写作的因素，如知识、能力、兴趣爱好、写作环境、写作资源、作文反馈等。基于问题的症结，查阅文献，提出并验证假设，制定实施方案。

（2）基于教材

基于教材，但不拘泥于教材。探究如何用教材教，而不是教教材。在认真研读北师版高中三年英语教材的基础上，根据《课标》对学生书面表达能力的要求，统筹制定三学年的写作教学计划。探究分阶段和文体来强化学生写作的微技能，必要时对教材单元写作话题进行调整和增减。进入高三阶段，要探究结合历年高考写作话题，强化文化意识，弘扬中华优秀文化和家国情怀；强化语言的准确、得体和作文的逻辑和连贯。

（3）以读促写

探究如何在阅读教学中强化语篇意识，积累话题语块。重点是引导学生研读写作前的范文，掌握语篇主题、类型、结构，抓住内容要点和语言特点，归纳话题词汇，为语言的输出写作做好准备。

（4）合作写作

探究如何建好合作小组，做到"组间同质，组内异质"；如何让每位学生积极参与小组活动，使用所学语言共同完成小组任务；在积极合作中，提高小组合作效率，探索高效学习共同体的途径。

（5）自评互评

探究如何落实"教－学－评一致性"；针对不同单元、不同文体的写作话题，制定有针对性的评价量表，让学生有"标"可依，用英语讨论，从而不断提升自评互评能力；基于总结和反馈，提高写作讲评课效率。

1.5.3 研究思路与方法

本课题为行动研究，分为三个阶段，主要研究方法是：文献研究、问卷调查、统计分析、案例研究、检测分析法等。

1. 总体框架和思路

课题组计划通过三个学年的行动研究，基于《课标》，依托北师大 2009 年版教材，分主题语境、语篇类型和结构、语言知识、语言技能、文化意识和学习能力六要素的不同要求，分阶段、分重点制定实验目标和方案，用好教材中 Communication Workshop 中的 Writing 内容，探索在英语学习活动观引领下，实施"以读促写、合作写作和自评互评"的过程性写作课堂训练，以培养学生英语书面表达能力。

本次行动研究分三个阶段开展实施，具体步骤见表 1－1：

表 1－1　本研究开展实施阶段

阶段	具体工作
第一阶段：高一年级 准备和实施阶段 （2018.8—2019.7）	1）准备阶段 ① 研究主题和假设 ② 高中学生写作现状 ③ 本次行动研究的意义 ④ 对本研究的假设 2）相关研究综述 ① 以读促写的相关研究 ② 合作学习理论与写作的相关研究 ③ 自评互评的相关研究 ④ 过程性写作的相关研究 3）制订、实施研究方案 ① 关于实验班的相关信息 ② 要研究的问题 ③ 研究的方式和手段 ④ 假设的验证 ⑤ 制定写作计划 ⑥ 书面表达训练的设计与实施 ⑦ 师生角色

（续表）

阶段	具体工作
第二阶段：高二年级 实施阶段 （2019.8—2020.7）	1）完善、实施研究方案 ① 实施计划 ② 收集数据 2）数据分析 ① 研究阶段性成果及分析 ② 研究过程出中现的问题 ③ 行动计划的调整 ④ 数据收集和分析
第三阶段：高三年级 研究成果总结阶段 （2020.9—2021.9）	1）完善、实施研究方案 ① 收集分析数据 ② 计划的调整与实施 2）研究成果 ① 主要突破和意义 ② 目前研究的局限 ③ 进一步改进措施 ④ 成果的推广 3）总结反思 ① 总结并撰写论文 ② 后续研究方向

2. 研究方法

（1）观察法

采用观察法对研究对象进行调查，观察他们在范文研读、合作写作、自评互评等写作过程中的表现。

（2）问卷法

通过问卷形式，摸清影响学生写作能力提高的因素，了解学生对"以读促写，合作写作和自评互评"写作训练方式的感受，发现、整理学生在写作中出现的问题。

（3）座谈法

通过座谈了解学生对写作的感受、收获及困惑等。

（4）检测分析法

借助阅卷系统对学生前测、后测及在年级统一考试中的作文成绩进行对比分析来看实验的效果。

（5）个案研究法

在实验的班级中，随机选 6 位学生，前测成绩居优、中、差各 2 位。跟踪他们平时写作课堂表现、访谈、问卷信息及检测作文成绩变化。

（6）跟踪比较法

根据学生"写作错误统计表""写作自评互评"量表信息进行分析比较。根据智学网阅卷平台提供的数据，分析实验班学生与年级同类班级在书面表达成绩上的变化。

3. 本次行动研究采用的写作教学方法

通过行动研究，指向学科核心素养基于北师版（2009 年版）教材单元主题意义的探究。在写作前，研析教材 Communication Workshop 的 Writing 中的范文，以话题为主线，有计划、系统地培养学生对书面表达话题词汇和句型的积累，增强他们的语篇意识，不断提高他们书面表达的综合能力，并基于此，进行过程性写作课堂教学探索，步骤如下：

（1）围绕教材单元的相关话题，激活语块；研析范文，进一步明确短文的类型和结构，让学生获取足够的"脚手架"；

（2）小组讨论，个人初稿；

（3）自我评析，先侧重在内容上的准确性，后重在语法上的准确性；

（4）小组反馈，小组成员提出评改意见，重点在内容和语法；

（5）个人根据小组成员的意见写出第二稿；

（6）教师评改，既注重内容和语法又要注重培养学生写作的兴趣；

（7）上好写作的讲评课；

（8）学生根据教师的评改重新完善习作；

（9）教师再反馈；学生使习作"精品化"。

1.5.4 课题组人员与条件保障

1. 课题组成员

本课题的两位负责人一直在高中英语教学第一线，有着三十多年丰富的教学经验；勤勉学习，不断总结，勇于探索。笔者有多年从事教科研组织和管理的经验，有较丰富的参考资料，主持完成省级科研课题《关于"合作写作和自我评析"英语写作模式的课堂探索》，获安徽省基础教育课程改革教育教学成果奖评选二等奖。王德美老师是英语正高级教师，市英语学科教研员，有丰富的指导英语课堂教学的经验。所以，两位负责人完全有能力全面负责行动方案的设计及实施、研究过程的跟踪、材料的整理、相关数据和阶段成果的分析、成果论文和成果报告的撰写，以及研究成果的推广。几位成员也是学校的骨干教师，任教三个年级，职称涉及三个层次，有一定覆盖面和代表性。

2. 条件保障

合肥市教科院、合肥市教育名师工作室（三年 20 万元活动经费）和合肥一中英语名师工作室将全力支持本课题的研究。经费主要用于购买书籍资料、外出学习、专家指导等。课题组活动将纳入名师工作室活动中统筹安排。

1.6　预期成果

1. 在理论上，本研究在一定程度上会丰富以读促写、合作写作和过程性写作的写作课堂教学理论，践行了英语学习活动观，促进学科核心素养在课堂中落地生根。

三年系列的写作训练活动，可帮助学生构建英语知识结构，丰富写作体验，提升语用能力；更为重要的是，培养学生健康运动、热爱劳动、学习先进、保护环境、崇尚节俭等意识，增强文化意识、家国情怀和坚定的文化信念。

过程性写作教学重在过程的体验，学生在共议写作话题中学会相互欣赏、相互帮助；在自评互评中，学会相互信任，共同进步。他们在和谐的学习共同体活动中体验和成长，这在一程度上丰富了合作学习理论。

2. 在实践上，科学扎实的写作过程性训练会有效提高学生书面表达的质量，使习作达到主题突出、层次清楚、语言流畅的要求。在写作过程中，相对轻松的氛围能帮助学生消除对书面表达的焦虑，能积极参与到课堂的各项活动中，并用所学语言表达自己的思想。这样他们的写作兴趣会日益浓厚。随着书面表达能力的提高，学生听、读和看的理解性技能也会得到相应提升，学好英语的自信心也随之增强。

学生在过程性写作的活动中积极合作，这无疑会增强师生之间的互动，形成民主、和谐、热烈的教学氛围，建立友好的师生关系，发挥了英语写作课堂教学的情意功能。

3. 在成果的推广上，课题组能以王德美负责的全市英语教研及笔者领衔的市名师工作室为平台，推动校际的交流和研讨，扩大研究成果在市内的推广，鼓励更多的学校参与此项课题的探索，让更多师生受益。

1.7　研究综述

本研究基于笔者已完成的在县城中学进行的为期一年的"合作写作和自我评析"课堂探索，针对现有学生的实际情况，基于北师大版（2009 年版）高中英语教材，继续推进"研读教材范文、合作写作和自评互评"的过程性英语写作教学模式。

1.7.1 教材范文研读

在教材每单元的 Communication Workshop 的 Writing 里有示范文本，学生在教师引导下研读范文的主题、段落组织、写作风格、语言和内容等；在写作前，学生还可读到明确的"写作步骤"。

"Writing Help"为学生在每个阶段提供指导和帮助，每个"帮助"都有以下内容："Layout"给学生一个段落布局的示范；"Useful Vocabulary"为学生提供了有用的词汇来执行任务；"Linking"给出了有用的连接词的例子，这些词已经在示范文本或以前的阅读文本中学过。

教材给学生的话题输出提供了语篇结构、话题词汇、衔接和连贯等方面充足的语料，给了学生写作的信心。

1.7.2 合作写作

自主学习、合作学习和探究式学习是教育界近些年发展起来的重要学习理念和学习方式，是《课标》所倡导指向学科核心素养的英语学习活动观下的学习方式。在"学习策略内容"的要求中提出，要培养学生"有合作学习的意识，愿意与他人分享各种学习资源"；合作学习关注学习者与人沟通、合作完成学习任务的能力。合作写作就是合作学习的一种有效途径。

1.7.3 自评互评

《课标》要求教师要处理好教、学、评的关系，达到以评促教、以评促学的目的。要培养学生学会选择适合自己的学习方法和策略；师生共同协商确定评价标准，使学生能根据标准及时主动地参与学习活动并尝试自我评价和同伴互评，养成自我反思的习惯，从评价的接受者转变为评价活动的主体和积极参与者。

过程性写作教学中，学生参照评价标准对作文开展自评和互评，有利于学生在互评中给出有针对性的修改建议，让学生在学习进程中获得成就感和自信心。

合作写作和学生互评就是在践行合作学习的理念。在写作教学中，教师会不断强化写作小组，即学习共同体建设，关注学生参与课堂学习的积极性和主动性，关注学生合作学习的责任感和合作意识的培养，从而实现相互学习、相互促进，在提升学生写作能力的同时，增强他们的人际交往能力。

本书分为五章：第 1 章 课题研究综述；第 2 章 文献综述；第 3 章 研究方案的制订和实施；第 4 章 研究数据分析；第 5 章 结论。最后是参考文献和附录。

第 2 章　文献综述

在这一章，研究者将说明基于教材话题，有关以读促写、合作学习和自评互评的一些基本理论，特别是合作写作及自评互评可以减少高中生的英语写作焦虑，激发学生写作的兴趣，从而增强学生学好英语的信心。

2.1　基于教材的话题

邵黎励和李琦认为，教材中的语篇是有效培养学生捕捉话题信息能力的载体，也是提升学生语言表达能力的素材。教师要有意识地分析语篇的话题信息和思维表达方式，并加以有效利用。教材文本提供了直观、具体的范本，无须教师抽象复杂的解释，因而学生在教师的引导下可以事半功倍地发现提升写作质量的方向和策略。

刘道义指出，能否充分发挥教材对教学的作用关键在于教师。天下没有完美无缺的教材，而优秀的教师本身就是一部好教材，也可以说是好的教学资源。在中国，对于大多数英语学习者来说，英语教师也许是他们的第一外语学习资源。教材存在着局限和先天不足之处，因为再好的教材也难以满足每个学生的需求，而且教材限于其时效性很难做到及时反映瞬息万变的真实生活。然而，即使教材与教学环境和学生的实际需求不完全吻合，能力强的教师也能够通过正确地评价和分析教材，灵活地、创造性地使用教材，甚至能进行教学资源的开发，使教材尽量符合实际的需要，提高教学效率，达到课程的目标要求。

王德美认为，现行北师大高中英语教材（2009 年版）在阅读语篇和写作指导板块之间建立了很好的联系，所选的许多阅读语篇都与写作任务在写作格式、写作框架、写作内容、写作语言和写作逻辑等方面保持很好的契合度。在阅读语篇的过程中，教师要引导学生去观察和体会作者选择了什么样的词汇、句式和表达方式来表达自己的写作目的，语篇的内容和结构之间的关系如何，段落是如何组织的，句子和段落之间使用了怎样的逻辑关系来帮助交际任务达成，作者和读者之间产生了怎样的互动，等等。让阅读语篇的过程成为学生学习积累的过程，同时又为写作训练打下坚实的基础。

实践也证明，阅读和写作相辅相成，离开阅读谈写作能力的培养事倍功半，收效甚微。

2.2 以读促写

2.2.1 Stephen Krashen 的语言输入假设

第二语言习得理论作为一门独立的学科形成于 20 世纪 60 年代末 70 年代初。在这方面的研究中影响最广的是 Stephen Krashen。他认为，只有当习得者接触到可理解的语言输入，即略高于他现有语言技能水平的第二语言输入，而他又能把注意力集中于对意义或信息的理解而不是对形式的理解时，才能产生习得。他强调，大量的可理解的语料输入是习得语言的关键。Stephen Krashen 的输入假说为"以读促写"不仅提供了理论支持，并且为实践层面提供了可供参考的支撑，尤其对"读的内容"的选择起到指导作用。

2.2.2 Swain 的语言输出假设

输出假设是 Swain 在 20 世纪 90 年代研究加拿大法语浸泡式教学的结晶。Swain 认为外语学习过程就是不断对目的语做出各种假设的过程，而说、写目的语是检测假设的最好方式。Swain 的语言输出假设给我们教学实践带来了新的思考和尝试的动力。

近年来，文秋芳教授提出了"输出驱动—输入促成假设"。该假设认为，"输出是语言习得的动力，又是语言习得的目标；输入是完成当下产出任务的促成手段，而不是单纯为培养理解技能和增加接受性知识服务或为未来的语言输出打基础"。

文秋芳教授又进一步发展了"输出驱动—输入促成假设"，构建了"产出导向法"理论体系。"产出导向法"所提倡的教学流程分为三个阶段：①驱动；②促成；③评价。

国内学者王初明曾指出，阅读应与英语写作结合起来，鼓励学生将内容创造与语言模仿有机融合，从而凸显语言输入，加大互动力度，提高协同效应。

李丹认为读写结合为高中英语写作教学提供了新的视角，并逐渐成为提升学生写作水平的重要途径，他以新人教版必修一第一单元的写作为案例，探讨了基于支架理论的读写教学模式在课堂中的具体操作与应用。

阅读与写作密切相关，读写结合、以读促写，已成为提升学生写作水平的重要途径。

2.3　合作学习理论

合作学习（cooperative learning）是 20 世纪 70 年代初兴起于美国，并在 70 年代中期至 80 年代中期取得实质性进展的一种富有创意和实效的教学理论与策略。由于它在改善课堂内的社会心理气氛，提高学生的学业成绩，促进学生形成良好非认知品质等方面实效显著，很快引起了世界各国的关注，并成为当代主流教学理论与策略之一，被誉为近几十年来最重要和最成功的教学改革。自 20 世纪 80 年代末、90 年代初开始，我国也出现了合作学习的研究与实验，并取得了较好的效果。

由此可见，长久以来，语言教学一直集中在孤立的、个体的学习，但自 20 世纪后期，语言教学开始以教师为中心向以学生为中心转变，从面向传输向主动学习知识发展，教学重点也转向对小组学习的关注和任务型学习。它使学生通过课堂上的合作探究在提高语言技能的同时，有机会发展一系列的认知、元认知和社会交际的能力。有证据充分证明，它不只对某一类学生，所有的学生都能被放在作为学习的指导者兼学习者的位置，发挥为同伴提供脚手架的作用。

Long 和 Porter 说，合作学习像其他小组活动一样，在课堂上创建了一个更积极的情感氛围，这也强化了个性化的教学，同时培养了学生的学习动机。

Smagorinsky 和 Pamela 认为，小组活动增加学生之间的互动水平，使学生间能互教互学，在教室建立起友好的社会关系。让学生从事卓有成效的小组活动能培养学生的专业知识。

它对改善课堂学习氛围有所贡献，可为学习者提供支持并激发他们使用语言的潜能。小组互相学习的同时，交互作用的机会大大增加。学生将有更多的机会来表达他们的意见。

其次，合作学习大大提高了学习者的自信心和学习动机。同伴的鼓励和支持反过来又可以激发个人更多的尝试，特别是当涉及协同完成学习任务时，该组的所有成员将尽他们自己的能力水平去完成任务。同伴评价恰恰在这样的理论下完全实现了。学生们从同学那里得到及时和广泛的建议，这在认知领域和情感方面都是两全其美的。

最重要的是，在合作学习中，小组中的每个成员都有机会向别人展示自己的力量，不必担心在全班同学面前被嘲笑。这就减少了忧虑，从而提高参与意识和学习语言的积极性。

合作学习理论强调的是相互促进和学习者的提高。许多中西方学者在实践中证明，合作学习能使学生取得更好的结果，获得协作能力，增进同伴间的友谊，学会理解和关心别人。研究表明，合作学习有助于培养学生的情绪和动机。

在传统教学的影响下，书面写作总是由学生独自完成。学生上交书面作业后，老师有时提供给学生一些纠错或一个分数。在这种写作模式中，学生是被动的写作者。从 20 世纪后期，由于合作学习的发展，合作学习的思想被引入写作教学。

Cooper 认为传统的写作隔离了写作过程。他提出，写作课应考虑到学习者的写作目的，不能只为老师的要求而写作。

Gloria 说，写作不必是作者个人的行为，在正式的课堂以外的环境中，可以师生和生生间互动。他强调，班级中小组的写作可以被使用在任何水平的语言学习中。

Melina Porto 指出，合作写作和自评互评有助于过程性写作意识的形成，它令人满意地解决了写作中有关读者意识、目的、时间压力和反馈的问题，它有助于学生语言运用能力的提高。

《课标》指出，普通高中英语课程倡导指向学科核心素养的英语学习活动观和自主学习、合作学习、探究学习等学习方式。在教学中，教师要精心设计合作学习的活动，以培养学习的合作意识，提高课堂教学效果。

在合作写作中，大部分工作以合作写作的形式进行，在这期间老师的注意力发生了转移，从关注写作表面特征和形式转入写作的内容和过程。每个小组的成员必须紧密团结和互相帮助，这一切无疑会让学生感到他们群组的力量——写作任务不是单独而是合作完成。

目前，许多语言研究者努力改变传统的写作教学方法，引入合作方式，这是一个将合作学习理论用于写作教学的方法。

2.4　过程性写作模式

写作教学经历了一系列变化，人们从关注结果逐渐向关注过程转移。这种变化是如何发生的呢？研究者追溯在语言教学中相关重点的转变。

20 世纪 70 年代，外语教学普遍开始放弃语言的结构主义和语法教学法的观点，开始关注把交际作为语言学习的目的。基于目前的教学方法，交际语言教学法（CLT）认为，此教学法的优点是课堂环境从传统的以教师为中心转换到以学习者为中心。写作教学的趋势与语言教学相吻合，教师们更多关注如何使学生的作文更加流畅，而不是在于语言的精度。

体裁教学法强调语言有它的交际目的，为达到交际目的，需要遵循该体裁固有的图示结构，这种结构具有常规性和制约性。教学上，体裁法的重点是分析和模仿范文体材特征使得写作尽量与某个体裁的写作方式一致。

而"过程体裁法"是以语言习得理论、体裁分析理论和结构主义理论等理论为基础，汲取了写作教学领域中过程法和体裁法的优点，由 Richard Badger 和于 2001 年提出的一种综合性写作模式。着重于范文体材特征的分析和模仿，使学生尽快熟悉某一类体裁的写作特点。我国学者韩金龙在 Richard Badger 的研究成果上总结出了范文分析、模仿写作或集体仿写、独立写作和编辑修改四个操作阶段。

过程体裁法强调了写作前对范文的分析，写作的过程中自主和独立相结合，既有范文的体裁的写作方式及词汇做参考，又能得到老师和同伴的帮助。

经过多年的改进，过程写作已逐渐成熟。首先，作者把重点放在表达他（她）对真实生活的感受上。那么，写作模式重心开始从形式转向写作内容，这种模式被认为是成熟的，因为它是建立在作者所必需的知识资源的基础上，作者只是想通过适当的方式表达他的想法。在此期间，写作被认为是一个螺旋的而不是线性的活动，且对写作过程的关注给研究的分析提供了数据源。这是在写作教学领域中最重要的进展，因为过程性写作是目标导向的，是符合认知规律的。在此过程中师生是互动的，而不是孤立的，这才是写作的本真。

社会语境的教学方法最重要的特性是认为写作是过程的，在社会语境之外就毫无意义。Cooper 强调写作只能从社会背景的角度理解，而不是作为一个单一的产品。他强调写作的意义应该放在与之互动的社会背景下。他还指出，在互动社会中，写作不能被看作是孤立的，而是一种社会活动，依赖于社会结构。既然中国英语教师已经意识到交际法的力量，他们就应把交际教学法运用于过程性写作中，使写作教学课有生气、有创意、有趣味。

Brown 认为，过程性写作要关注以下几个方面：

（1）关注内容信息比语法和使用更重要；

（2）关注写作的过程，直至写作结束；

（3）帮助学生理解他们的写作过程；

（4）帮助学生建立起写作的策略，如构思、写草稿和修改；

（5）给学生写作和修改的时间；

（6）给修改以足够重视；

（7）让学生认识到自己真正想写的是什么；

（8）写作过程中给学生反馈，因为他们试图把他们的意愿表达得更真实；

（9）鼓励来自教师和同伴的反馈；

（10）写作过程中，应有师生间的讨论。

过程写作法着重开发学生潜能，重视学生在写作与修改中发现、探索和创造的认知心理过程，写前活动丰富多样，写作过程中可以得到帮助，评阅阶段师生互动，多元评价。

2.5　高中学生写作困难的原因

很多研究者做了大量的工作，他们试图找到导致学生担心写作的原因。

2.5.1　写作焦虑

焦虑是指一种缺乏明显客观原因的内心不安或无根据的恐惧，是人们遇到某些事情如挑战、困难或危险时出现的一种正常的情绪反应。学生在焦虑的状态下学习的效果是不佳的。

以下是 Sarason 列举的有关焦虑的一些主要的特征：

（1）个人把一种情境视为困难、威胁或是具有挑战性的。

（2）个人认为自己是低效的或不能完成手头的任务，缺乏对处理一个动作、情境或机会所需的即刻的回应。

（3）个人预测到失败、自尊的缺失以及不被他人尊重。

尽管我们不清楚学习外语的焦虑是怎样形成的，但焦虑可能是构成学习过程中最普遍障碍的情感因素。它与消极的情感有关，如不安、挫折、自我怀疑、忧虑和紧张。

综上所述，如果一个人因为自己能力不足或担心失去别人对自己的尊重而害怕去完成一项任务，那他或她可能就会有焦虑。

Hang 描述他的学生写作时的情境：每次写作，老师布置一个话题，学生们叹气，表现出焦虑和不满。他们抱怨说，在写作课上，他们没有学会任何"真实的东西"，因为孤立的技能教学不能帮他们流畅地写作和有效地沟通。他们不喜欢写教师要求他们写的东西。

Simpson 强调，为了写得好，一个人不只需要基本的机械化的训练，特别是不以英语为母语的学生，在开始、创作或要完成一个写作任务或项目时，可能会感到焦虑和沮丧，即使他们在外语方面有了一定的能力。

　　Guo 和 Zhou 已经在中国内地有了一个写作案例的研究。研究表明"一些学生表现出一定程度的焦虑",尽管这项研究是在大学进行的。

　　陈秀波在《高中英语写作高级教程》中写道:一直以来,英语书面表达对于学生们来说总是最"难",对老师们来说总是最"痛"。即便是到了高三关键时刻,学生作文依旧会有很多问题,时态错误、句子结构混乱、双谓语现象等,还有篇章结构、语言逻辑、语言的准确性等相关的重要问题,令人焦虑、困惑。

　　正如任何教写作的老师经历的那样,学生对英语短文写作的担心几乎和长篇论文的写作一样多。学生担心不能清楚地表达思想,不能在大量的语法、词汇范围内正确地选择,包括单词的拼写和标点符号的正确使用。他们常常在语言学习的第一年,很少关注在写作上有所创意,因为学生认为,考试注重的是语法、拼写、标点符号、卷面等。因此,部分学生产生了对写作的恐惧心理,他们写的东西错误百出。这些恐惧阻碍了他们,并不断使他们的写作过程变得缓慢且无助。

　　因此研究者认为,写作焦虑是学生对完成写作任务的恐惧,因为担心自己的能力不足和自尊受损。学习写好作文是困难和费时的,在此过程中,高中生通常会有焦虑。

2.5.2　关于写作焦虑的研究

　　Li 做了一个实验,结果表明学生怕写作文。他们认为写作就是要产生思想、详细说明、并把它们写出来,然后是合成和组织材料,同时进行修改和编辑,这是一系列的麻烦;更糟的是,他们所要做的这一切都由自己来完成。他们害怕写作还因为他们知道,作文的唯一读者是老师,手里拿着红笔,且通常是皱着眉头改作文;另一个原因是,他们根本不能随心所欲地使用语言,即他们不能用所学语言自由地表达自己。这是因为他们自己的想法比他们的英语水平更为复杂。Oxford 对焦虑做了如下解释,它是由一组情境而产生,由三个与语言课堂相关且相互关联的因素组成:"接受焦虑",如"我会被接受、被喜欢、被别人需要吗?";"定向焦虑",如"我明白是怎么回事吗?";"表现焦虑",如"我能应用我所学到的吗?"。这进一步证实了关于写作的感受。

　　王蔷,程晓堂这样描述中国中学的写作:在传统的教学法里,写作往往是这样的:老师给一个话题或供选择的主题、几点要求和时间限制。学生在限定的时间(约 25 分钟)写完并上交作文。有时候,写作是作为家庭作业布置下去的。老师对学生作文的评价是由对学生最终产品的"精度"的整体分数和错误处的红线组成。学生逐渐对写作产生厌倦和担心。对自己工作从严要求的教师,抱怨他们花了大量的时间和精力,精心做出一个个标记,但让他们感到沮丧的是,很少有学生关注老师对他们作文的批改。这是为什么?

关于英语写作最大的问题，是学生不情愿去写，写得太少。根据一些研究结果，其背后的原因是：

(1) 教师对学生的写作控制太多；

(2) 写作注重形式而不是意义的交流；

(3) 写作与语言的其他技能（听、说、读）割裂开来；

(4) 写作缺少社会交流。

王蕾、程晓堂也认为，许多现有（《课标》前版本）的英语教科书的写作任务交际的成分不足，原因有以下几个方面：

(1) 它们主要基于准确度；

(2) 它们的设计基于训练一定的语言结构；

(3) 在写作阶段准备不足；

(4) 缺少读者意识；

(5) 缺少真实性；

(6) 学生被要求写作而不是真正的创作；

(7) 学生没有创作和表达自己想法的机会。

综上所述，写作之前，学生没有准备；而写作时，学生对给定的题目常不感兴趣；在限制时间内，他们不能得到帮助；而在他们写了第一稿，上交给老师前，又得不到及时的反馈。老师的这种笼统的写作训练不能帮助他们提高语法的准确性，只会降低他们的信心。在一定程度上，写作成为一个能导致自信心丧失的、有威胁性的任务。

没有合适的写作环境，少有喜欢的主题和语法准确性的束缚是学生写作焦虑的主要原因。

2.5.3　高中生英语写作焦虑的原因

针对前人研究的结果，结合对学生问卷调查的分析，研究者认为三个因素是学生写作焦虑的主要原因：语法的准确性和词汇量、写作话题和写作环境。

1. 语法的准确性和词汇量

Brown 和 Ellis 指出错误发生的原因是多方面的。一个明显的原因是来自于母语的干扰。一个学习者可能会犯错误，因为他认为目标语言和他的母语是相似的，但事实上它们是不同的，这种泛化也是许多错误的原因。

同时，因为对精确度的重视，学生感知到写出正确语法的作文是最重要的，但由于害怕犯语法错误，写作时无暇顾及词汇的选择、语篇的衔接和连贯及意义的逻辑关联性。这是传统的作文写作方法所带来的结果。

另一个明显的原因是对目标语言的不完全认识。目标语言的复杂性占常见错误原因的三分之一。英语中的某些方面，如一般现在时的第三人称单数形式，对于所有学生都有一定困难。

最后，学生由于词汇量不足，他们很难用所学目标语言去真实地表达自己的思想。他们有时想用诗人语言去描写，用哲人的思想去说理，但结果是，短文不伦不类，更谈不上语言的准确、得体和流畅。

因此研究者认为，学生对语法的准确性的担心和词汇量的不足，也是导致他们写作焦虑的因素之一。

2. 写作话题

二是写作话题。王蔷、程晓堂指出，在传统的英语教科书中，典型的写作任务是这样的：用下面的标题写一篇作文：在农场的一天；在工厂的一天；假如你是一位美国某学校的交换生……一些学生可能从来没有去过农场或工厂，对绝大部分学生来说，从来就没有去国外作交换生。同时，较早版本的教材在单元的材料安排方面缺乏"大观念"，导致单元内围绕主题的课文安排不够合理，围绕主题的语块不够系统，教师在教学中没有很好地对单元教学内容进行整合，常习惯于教材所安排的顺序进行开展教学，也没有为学生创设学习探索情境，这就导致了学生学到的知识"散"和"浅"。这样，学生在写作时很难提取相关话题的语块和句式。

当学生被迫在这些话题中选一个写的时候，他们必须创设或者想象他们在农场或工厂里看的或者做的事情。Tsui 的研究也证明了，学生对写作的焦虑来自他们经常被要求写他们很少写的题目，或者不知道该写什么。Lewitt 强调，大多数学生讨厌写作，其实，至少在一开始，学生有一个健康的自我关注和对周围世界的浓厚兴趣，而没利用这些实际情况的老师让学生对写作产生了厌倦和敌意。

以研究者的经验来看，学生或被要求写"我的家乡""我新学期的第一天""我的父母"等不知写过几次的话题，没有了兴趣也没有了动力；或者要求写"给美国朋友的一封信""电商改变我的生活"等，学生对此并没有太多真实的体验和感受，传统英语教学也未设计过此类活动。所以，学生不认为写作是表达思想和想法的一种方式，而是为在高考中取得好成绩而不得不去做的一件很让人烦的任务。

一般说来，布置给学生写作的话题是老师提前选好的，应该与他们的英语课程有关。实际上，适合学生的语言水平和社会背景的话题，对他们的写作训练会更有效。潘正凯认为，"高考英语写作题综合性、开放度不断加大，题材密切关注考生生活体验。所以高中英语写作教学需要凸显综合性、思维性和体验性三个基本特征"。学生对所写话题是否有体验决定着学生的写作兴趣，关乎着写作教学的三个基本过程的有效性，即真正实现写作教学是语言技能相互促进的过程、思维发展的过程和学生拓展体验的过程。

当然，王德美认为："任何一套教材，无论它聚集了什么样的专家团队进行编写，最终都不可能适合每个老师和每位学生的需求。因此，教师根据学生的实际和写作任务要求，在对比分析写作训练形式的基础上，对教材内容进行整合和运用是非常必要的。"

看来，虽然按照教材的单元内容来选写作话题，但教师在定写作话题时，如不考虑学生的生活经历、英语实际水平和个性化要求也可能引发学生的写作焦虑。

3. 安全环境

缺乏"安全"的写作环境是一个事实。虽然写作在满分 150 分的高考英语试卷中占 25 分（这表明写作的重要性），但遗憾的是，在高中英语教学中，写作能力还没有给予足够的重视。王德美认为，"高中生写作兴趣不浓，写作水平也与高中英语课程标准的目标要求存在较大差距。"这与教材内容的安排有关，因为写作一般会放在一个单元的最后，这样是为了学生在学习完一个单元的话题，有了一定的话题语言积累，即有了一定的"脚手架"后，让写作成为应该有的输出性练习，但这往往会导致师生对写作的忽视。即使是写作教学，但话题是给定的，时间是有限制的，写作是独立的，教师是挑剔的，反馈是笼统的，指导和互助性是不足的。于是在这种环境中，写作对学生来说是既担忧又厌倦的。

Oxford 强调，如果不采取措施提供一种情感安全的氛围，写作可能会大大增强学生的焦虑情绪。

考虑到这一假设，研究者通过基于教材、以读促写、注重过程、合作写作和同伴互评，让学生在一定的话题范围内选择感兴趣的话题，并提供一个安全的写作和修改的环境，以降低学生的写作焦虑，从而提升其写作兴趣。

2.6 消除学生写作焦虑的途径
——合作写作和自评互评

实践已证明，合作学习能鼓励和激发大多数人的情感因素。这些因素与语言学习之间存在正相关的关系：即减少焦虑，增强学习动机，促进语言学习发展和积极的学习态度，提升自尊；支持不同的学习方式，增强学习者在学习一种语言的过程中战胜困难的毅力。

在高中英语写作中，除了语法的准确性外，读者意识、时间压力和反馈的方式都是需要关注的。写作是一个互动的活动，学习者需要知道自己要和谁互动，为什么要写，以及怎样写才能更好地传达信息。Porto 指出，作者创设出某个读者的形象，他也因此成为一个理想的读者，他能让读者在阅读中获取一定的经验、知识、观点和信仰。

至于反馈，来自谁的会更好？教师、同伴还是作者自己？许多研究和建构主义理论已经证明，作者自己纠正的写作错误是更有效的。毕竟，一些错误是由他自己的疏忽造成的。教师的定位和纠正作文中的语法错误，可能不是最有效的利用宝贵的语言教学和学习时间的方法，而更好的方法是让学生找到和纠正自己的错误。当然，这并不意味着来自同伴和教师的反馈是不必要的。因为合作学习理论已经证明，同龄人的互动可以提高个人纠错的能力。

Wu 描述了他的写作教学经验：大多数学生不喜欢写作。面对一个写作任务，大多数学生是一样的反应，"哦，不，不要写了！""这真让人讨厌！"教师看到学生给出这样的反应很容易气馁。最终，老师和学生都会"恨"写作。他同时介绍了在英语写作课堂上，小组合作写作的有效性。

在过去的 30 多年里，有一批教师在这一领域做过相关的研究。Boughey 提倡合作写作；Crandall 强调，如果学生产生焦虑，相互讨论可降低其焦虑的水平。所以，他认为合作学习能降低语言学习的焦虑，让学生从"想"写，到"会"写。

因此，Mustafa 和 Trombly 认为，写作中的合作小组与自我评析是一种社会策略，涉及与他人的合作来实现共同目标。学生一旦明白了这一点，学习环境就会大大改善。戴芬芳老师在教学实践中得出，"通过一次高质量的作文自评互评活动，学生学会了辨别自己和同伴作文中的优缺点并探索出修改的方法，英语的写作能力得到进一步的提高。"

2.6.1　合作写作小组

潘正凯、武艳云指出，合作探究是提高输出积极性、降低输出焦虑、提高输出质量的有效保障。合作写作组在写作教学中被证明是有效的，通常要关注三个方面：写作小组的组成、活动和功能。

1. 合作写作小组的形成

如何组织一个合作写作小组是很重要的。研究者认为，不能简单地给学生分组，这样就不能为学生提供安全的写作环境。教师可以根据学生的写作水平，依据"组间同质，组内异质"的原则，即一组的成员不能全是高分或全是低分者。每组的学生数不应超过四人，因为小组活动的时间消耗是要考虑的。较高水平的一位学生可以作为其他学生的"导师"，每个小组确保弱者可以得到别人的帮助。小组的每个成员都知道他在活动中的职责。Wu 强调交流是小组的基本活动。语言互动是合作活动，涉及发送者、接收者和语境三者之间的关系，无论是口头交流还是写作交流都存在这种关系。

2. 合作写作小组的活动

人教版《普通高中课程标准实验教科书》必修一（P7）、必修二（P31）、必修五（P24）等练习中都有以下相似的要求：Swap your letter with your partner. Look at his/her work and help to improve it. Pick out any mistakes you see in spelling，verb forms，or punctuation. Swap back. Correct any mistakes and write out your letter. 近几年的高考全国卷的短文改错题干中总会有这样一句话"假定英语课上老师要求同桌之间交换修改作文"。

《课标》在"实施建议"中强调，"作为评价过程的主要参与者，学生应在教师的指导下，学习使用适当的评价方法和可行的评价工具，积极参与评价，发现和分析学习中的具体问题。应提倡学生开展自评和互评，加强学生之间、师生之间评价信息的互动交流，促进自我监督式的学习，并在相互评价中不断反思，取长补短，总结经验，调控学习，把教学评价变成主体参与、自我反思、相互激励、共同发展的过程和手段。"可见，在过程性写作教学中，同伴互评是必不可少的环节。

一般来说，小组工作包括两部分：在小组讨论阶段，成员讨论他们选择的话题，段落的主题句，关键句型，重要短语和单词；在小组回应阶段，在友好的氛围中，小组成员有足够的时间，约 10 分钟，轮流读自己的初稿，听者依据"写作互评标准"给出反馈意见，如亮点和不足，并作出口头评析，作者把同伴的建议记下来。所以同伴的互评及自我的纠错必然会促进写作技巧的提高。

3. 合作写作小组的功能

合作写作小组提高了学生的口语和听力能力。那么，为什么在写作中会需要这么多的口语交流？正如王蔷、程晓堂认为，写作和口语都是彼此相关的，它们都是语言输出的形式。显然，这样的一个过程给学生提供了使用语言的机会，对提高学生的交际能力有很大的作用。

合作写作小组也有利于学生建立自信。张利琴认为，在写作过程中，教师应将评改作为一个中间环节，而不是终结环节，且应贯穿学生写作的全过程。随着同伴的反馈和老师偶尔提供的帮助，学生们感到有信心自己修改草稿。通过评析别人的作品，他们会提升自己的批判能力。

在互动中，在同伴的启发下，学生可能会产生一些新的想法，这样就能创造性地使用语言。同时，合作写作小组在课堂上创造了一种更加积极的情感氛围，培养了学生学习语言的积极性。

研究证明，合作写作小组能够激发学生的写作兴趣，提高写作能力，最终降低写作焦虑。研究者认为，这样的写作教学模式是有前景的。

2.6.2 合作写作对降低学生写作焦虑的影响

合作写作小组是不是可以解决引起学生写作焦虑的那些问题呢？以下几个方面需澄清：

1. 老师对学生的写作有太多的控制吗？

老师不强加给学生不感兴趣的话题，学生可以选择自己想谈的话题。在小组讨论中，他们可以从同伴那里得到关于话题的想法和结构及内容等方面的帮助；写作与评估通常需要 30 分钟左右，所以学生没有时间的压力，而平时的写作时间压力是学生焦虑的另一来源。Porto 认为，在时间压力下的写作不是一个递归的、互动的、交际的和社会的活动。

2. 写作小组能提高学生的语法准确度吗？

Mahili 强调，同伴纠错会帮助学生认识语法和词汇错误，以及内容、组织、思路及清晰度方面的问题。一些研究者支持这样的说法：同伴校正语法可能更有效。一方面，每个学生在他呈现第一份草稿，并准备他的二稿时都会收到来自一至二位同伴的反馈意见，这会大大提高语言的精度。

3. 合作写作对学生写作兴趣和自信心有影响吗？

蒋建华认为，"在写作过程中，开展小组合作学习，能促使每一位学生参与讨论和表达自己的思想，并在合作中分享体验。这也能提高基础薄弱学生参与学习活动的积极性，降低他们学习的焦虑，增强自信心。"同时，利用同伴的反馈，在老师批阅作文之前，学生习作中的错误会大大减少，这会给他们信心，从而降低写作焦虑。同时，在小组讨论和纠正的过程中，学生做了大量的口头讨论，为学生提供更多的机会来使用目标语言。在小组讨论和纠正的帮助下，学生们不会担心自己写不出 100 左右的短文，也不担心来自老师逐渐减少的红色标记。经过一段时间的训练，他们就不再把写作当作一种难为的任务。

合作学习理论已证实，合作写作重视意义而不是形式的交流；写作和其他听、说、读的语言技能不是隔离的；写作小组的活动是社会交互的，并可提升学生的自信心。

2.6.3 自我评析

自我评析包括两个过程，一是学生写好第一稿后的自我纠错。学生如何应对作文的草稿是非常关键的。

Makino 指出，在写作活动中，学习者通过反思促进语言意识和使用语言的能力，并强调在学习过程中自我发现。程晓堂和郑敏指出，写作涉及对草稿的耐心修订。

Porto 认为，自我反馈有助于学习者意识到语言的问题，然后生成选择和评估，这是对输出的提升。反过来，无论是对新语言知识的习得或是对现有知识的巩固，这都是一种促进和提高。所以学生能直面自己的草稿，养成自我纠错的习惯是语言学习必不可少的学习品质。

肖林指出，如果每一个错误都由老师来修改，就会使学生失去一次宝贵的学习机会。

许多研究者提出，应该有一定的方法来提升学生在写作上的信心。Makino 做了一个实验研究，探索教师给学生什么程度的线索或暗示能帮助他们在书面作文中改正自己的错误，以及什么样的线索在自我校正中更有效。他的研究发现，给学生提供的提示越详细，学生自我纠错的正确率就会越高。也就是说，学生可以激活自身的语言能力，在一定程度上改正自己英语写作的错误。虽然他的研究是在日本的大学进行的，但从他的实验中，研究者看到了写前"范文研读"和写后"评价量表"的重要。

还有很多学者在自我评价方面有研究，如 Makino，Sulllivan 和 Lindgren。由于他们的研究，我们已经获得了很多关于激发学生的写作兴趣的建议。

自我评析的另一过程是基于教师反馈的再修改。教师想提高学生的写作能力，似乎别无选择，只能要求他们多读多写。但在高中，一位老师要承担二个班级的教学任务，而且一个班一般会有 50 至 60 位学生，每周批阅一篇作文成了教师繁重的教学任务之一，除非是减少写作训练的次数。

所以，在传统的教学中，老师对学生的作文进行全面批阅的方式，就是用红笔划线、打钩、做标记。有时，教师也会指出学生的一些语法错误，而对语言的得体性、流畅性等方面存在的问题就很难顾及。这样，不仅学生经历的写作过程被忽视了，而且学生没有时间改正他们的初稿，作文的整体质量不能得到改观。

至于学生，由于老师的反馈不及时，他们对作文的反馈就不感兴趣。因此，Oxford 提到，教师必须创造一种能激发学生自信心的气氛，鼓励学生积极参与到再修改的活动中去，让自己不必感到尴尬。

如何纠正作文中的错误是一个值得研究的问题，因为错误可以被看作对学生自我的内在和外在的威胁，这对他们完成任务有明显的影响。因此给学生合适的机会，让他们根据同伴和老师的反馈再修改作文，是提升作文整体质量的一种有效方法。

2.6.4　同伴互评

同伴互评（peer review）又称同伴反馈（peer feedback）。自从 20 世纪 70 年代起，国外研究者就开始关注和研究同伴互评。20 世纪 90 年代后同伴互评也受到国内研究者的广泛关注，但研究大多局限于大学英语写作教学范围内，同伴互评对大学生的合作学习能力、社交能力及写作能力都有帮助。

在传统教学中，教师通过不同的评估方式（整体的或细节的）给学生作文一个整体分数，因为这样可以快速地推进作文批改任务，节省时间。但是学生不可能受益很多，也没有机会从他们的错误中学习。由于整体性得分是基于作文的整体印象，它可能会限制学生在作文话题和组织的选择方面的创造性，这也是造成学生写作焦虑的因素之一。

徐昉强调，要重视同伴互评的作用，目的是最终改好自己的文章。修改自己文字的能力起步于修改别人的文字，当修改别人的文章时，优势在于自己是读者，而不是作者，对表达不清的问题看得更加清楚。

在合作小组写作的过程中，学生有时会注意到自己的错误，并且及时纠正一些。同时，在同伴或老师给他们提示时，他们也可以纠正一些错误。在写第一稿之后，学生们自读后会发现一些常见的错误，如省略、主谓一致、标点符号、大小写等。Porto 指出，在小组的应答中，作者期望不同的听众找出他写作不同部分的价值，而同伴所给的不同原因会帮助作者思考所写各部分层次是否清晰，段落主题是否突出，是否需要把写作的情感加入文章中。在这一理论的基础上，本研究可以通过鼓励学生在他们的写作小组里，在同伴对第一、二稿给予反馈后对作文做出适当的调整。

王芳探讨写作教学中的有效反馈策略和反馈主体，包括教师反馈、学生自评与互评。宋维华和郭洪洁做了关于高中英语写作中学生自评与互评能力培养的策略探究，并指出了实施写作自评和互评注意的问题。陈玉松和杨海春指出，同伴互评能提高学生的读者意识、写作认知和合作能力。吴燕做了"利用同伴反馈评价量表提升高中生英语写作能力的行动研究"，其研究结果表明，"基于师生在写作前协商好的同伴反馈量表，学生增强了读者意识，减少了语言错误，学生对于写作的主体参与性大大增强。"

许多研究表明，同伴互评无论是在英语作为第二语言还是作为外语学习中都是成功的，它有助于基础薄弱的学生在纠错中远离对老师的依赖。Wood 指出，"这是我的经验，当作文出现问题时，在向老师寻求帮助之前，学生会首先向另一个学生咨询"。此外，同伴会说出错误的原因，以及如何纠正这些错误。学生间互相纠错的责任促成了他们的自信。特别是当他们将第三稿和第一稿进行比较时，他们就可以清楚地看到进步。

通过同伴互评，在自我学习和帮助同伴学习中，学生会成为更积极的参与者。Makino 认为，那些能够纠正自己错误的学习者可以激活自身的语言能力，这对降低学生写作焦虑有很大的作用。

2.7 关于写作焦虑与合作写作、
自评互评关系的相关研究

事实证明，当人们认为一种情况有困难、威胁或具有挑战性时，他就可能会有焦虑。合作写作小组、自我评析和同伴互评会帮助学生克服困难，使写作少一些威胁性吗？

在合作学习理论的基础上，语言学家们就如何激发外语学习动机的增长，减少语言学习焦虑提出了一些建议：

（1）鼓励学习者在任务中找到自我满足感；

（2）促进学习者参与并决定学习；

（3）让学习者参与重在内容的活动，这样会使他们感兴趣，并把注意力集中在活动的意义和目的上。

一个包含自我评估的合作写作小组有以上功能吗？

合作式写作降低了写作难度，这激发了"后进生"写作的兴趣。学生能建立自信，成为写作时心中有读者的写作者，写作过程能获得成就感。

Ghani通过实验证明，小组写作是一种通过讨论和同伴学习来促进创造力的技巧，它同时也为师生提供了以保持兴趣和激励所需要的改变。

一个富有成效的合作写作小组就是人人参与、个个有所贡献的团队。成员会关注写作的话题、内容、语言等要素，让过程性写作成为学习语言和表达思想的重要途径，成为培养学生英语书面表达能力的重要策略。

Bartels指出，同伴的反馈能给学生一种读者意识，增强学习动机和写作自信心，同时，还有助于他们学会更好地评估自己的习作。

合作学习理论、过程写作理论和大量实践研究都证明了，合作写作小组、自评互评这种重在写作过程的训练模式可以降低写作难度，增强学生写作信心，提升写作的能力。除此之外，学生在小组活动中还能学会承担责任和相互合作。

综上所述，多年来，国内外语言学家和一线教师对以读促写、合作写作和自评互评都做了大量的实践研究，并证实了这些方法对培养学生英语书面表达能力的显著成效，但课题组却鲜见一线教师把这些方法结合起来用于北师版高中英语教材的写作教学实践中，这表明了本研究的必要性，同时，也给研究指明了方向，成果可期。

第 3 章　研究方案的制订与实施

这是一个行动研究，因此在制订计划之前，研究者必须弄清实验班学生的情况。通过对问卷调查、访谈及写作课堂观察等数据的分析，对高中生写作困难的原因进行分析，通过"基于教材单元话题、以读促写和合作写作"的过程性写作模式来减少学生的写作焦虑，以增强他们的写作兴趣，从而不断提升写作能力是本研究的重点。

3.1　关于高一年级学生写作的问卷调查

为弄清问题根源并验证假设，课题组选取合肥一中 2018 级入学的高一学生为调查对象，采用书面问卷的方式，对学生在写作中"遇到什么困难和是否需要帮助"两大方面进行了调查。本次调查共随机向高一年级的 10 个班级分发了 500 份问卷材料，收回有效问卷 494 份。

3.1.1　高中英语写作调查问卷及结果分析

本次调查问卷共设置了 50 个题目，涉及写作态度和认识（1—10）、写作过程（11—20）、写作资源（21—25）、写作思维（26—30）、写作体裁和语篇（31—35）、写作语言（36—40）、写作困难（41—45）和写作指导需求（46—50）等几个方面。对学生问卷的统计结果表明：

（1）在"写作态度和认识"方面，有 51.21％的学生认为，"英语写作就是完成老师给的写作任务和应付考试"；有超过 80％的学生认为，"高中英语教材中的写作任务较难"，"高中英语书面表达测试题很难"；超过 80％的学生认为，背诵英语模板和范文，自己多练就可以写好英语作文；与此同时，有三分之一的学生不认为"老师在学生写作能力提高中起决定性作用"。对学生进行个别访谈后，研究者发现，学生之所以觉得老师在自己的写作能力提高方面起不到大作用，是因为"老师基本不讲该如何写作"，"我们的英语作文都是家庭作业"。可见，在传统的英语教学中，教师对过程性英语写作的重视不够，以至于学生认为要想提高英语写作能力，就是多背模板和范文。

由此可见，教学中，教师要重视英语写作教学，提高学生对写作的认识。

（2）在"写作过程"方面，有90％的学生选择"我会审题"，有超过50％的学生会列提纲，有超过三分之一的学生会在写作前列出写作要点，然后译成英语；有75％会打草稿（后对学生访谈了解到，部分是只打腹稿）。学生有使用高级词汇和句型的愿望；如果时间允许，他们也愿意写完之后自我检查。而通过面谈了解到，实际写作中，只有小部分学生有能力筛选词汇和考虑语篇的连贯等。

看来，教师要重视对学生英语写作过程的指导，培养学生良好的写作习惯。

（3）在"写作资源"方面，达62％的学生认为"我会把教材中的写作方法指导用在自己的写作练习中"；而表示能用英语学习网站、购买或借阅英语写作参考书的学生仅约40％。通过与学生的访谈了解到，真正参考写作书的不到20％，最多是看看辅导用书中有关写作的部分。可喜的是，超过73％的学生"会学习和借鉴同伴的优秀作文"；有过半的学生会"去看老师给我指出的作文中的缺点和错误，搞清楚出错的原因，争取下次不再犯同类错误"。

由此可见，在英语写作教学中，教师要培养学生自评互评的习惯并认真对待老师所给的反馈。

（4）在"写作思维"方面，近70％的学生选择"在审题时我会使用发散思维，拓宽写作的思路"，"在写作时我会从不同的角度、不同层面去选择和组织写作内容"，且"会关注写作内容的逻辑关系和内在联系"，"会关注写作表达的丰富性和得体性"，"会有选择地吸收他人的写作经验"。但随后，通过对他们的访谈，研究者知道，这仅是他们的"愿望"，而由于"不知从什么方面"拓展，"词汇量不足"，"写作时间不允许"等原因，在写作过程中，能实现上述"愿望"的学生不足30％。另一方面，也反映了学生没有很好地理解问卷的内容，或者是问卷的内容需换个说法，以便学生能真正明白。

（5）在"写作体裁和语篇"方面，达60％的学生表示，写作时会考虑作文的体裁，但不擅长写说明文和议论文，有近65％的学生会考虑语篇的格式和结构。通过访谈了解到，之所以如此，是因为他们在初三时，已经背了一定数量的写作模板和范文。所以，他们认为，他们掌握了短文的框架和格式。

（6）在"写作语言"方面，有一半的学生认为"在写作中我会使用复杂句式和高级词汇"，有达70％的学生"会考虑词汇使用的丰富和多样性"及"句式的变化和得体性"；有65％的学生"会考虑语法使用的意义"。但在访谈中，他们表示"心有余而力不足"，阅读量小、词汇积累不足导致了大部分学生"无力为之"。

综合上述学生在"写作思维""写作体裁和语篇"和"写作语言"三方面所反映的问题，研究者认为，语言的输入是输出的基础。在阅读教学中，只有加强对主题引领下语篇的研读，挖掘文化内涵，把握语篇所隐含的情感、态度和价值观，才能帮助学生不断积累话题语块，培养语篇意识和读音意识，从而不断增强语用能力。

（7）在"写作困难"方面，有过 50% 的学生表示"在写作时，不知道如何从自己背过的单词和句子中选取恰当的单词和句子"；超过 60% 的学生表示"我可以写出所给的写作要点，但是不知如何适当地增加细节"，"我常常不知道如何表达自己心中所想的意思"；有近 70% 的学生表示"在写作中，我会遇到词性误用、时态错误、句型结构误用等情况"。可见，学生在英语写作中确有困难。所以，在英语写作教学中，老师要考虑如何在写作前激活学生已有知识、如何拓展话题等问题，同时，为减少语法等方面的错误，在过程性写作教学中，学生的自评和同伴互评是很有必要的。

（8）在"写作指导需求"方面，几乎全体学生都同意问卷中的五个主张，"老师应该更多地关注不同文体类型的英语写作练习和写作策略指导"，"老师应该关注指导学生从阅读教材文本中学会写作"，"希望老师能讲授一些语篇衔接与连贯的知识"，"有专门的英语写作课程"，"希望老师能指导学生通过评价学生习作的方法提高学生的写作水平"。

由此可见，学生能够认识到自己英语写作能力的不足，渴望得到专门的写作训练，得到老师的写作指导。

综上所述，调查结果基本验证了课题组的假设。

3.1.2　选择实验班

虽然笔者所在学校是一所省示范高中，但为落实公平教育，每年招收的新生 85% 是"指标到校"，所以学生的入学成绩参差不齐，优生和后进生之间的水平差距很大，其中 4 位是借读生，整体上，他们的写作能力相对很弱。因此，研究者认为，研究对象有代表性，获得的相关数据具有普遍意义。

3.1.3　对客体的详细描述

全班 58 名学生，来自市内民办学校的有 21 人。一方面，与来自市内公立学校的学生相比，这部分学生通常较擅长理科，即数学、物理和化学成绩还可以，但市内公办学校的学生英语相对占优势。另一方面，来自民办学校的部分学生学习的自觉性和主动性不强，常要老师反复督促下才能完成作业。

在英语学习中，学生习惯于在课堂上做笔记，背背言点和刷题。在英语写作上，他们说，在初中时，老师要求他们背几个"模板"和一些范文，现在又忘记了。他们学习英语的目的无非是要通过高考去上大学。年级入学考试实验班英语科的成绩分布见表 3-1 所列。

表 3-1　入学考试英语科目成绩统计

分　数	100—90	89—80	79—70	69—60	59—50	49—40
学生数	0	12	19	14	7	2
百分比	0	20.68	32.76	24.14	12.07	3.48

注：英语按安徽省中考题型设计，但总分是 100 分。

上表显示，12 名学生，约 20.68％，其英语成绩在 80 分以上，被认为是高分者；分数在 60 至 79 分间的学生有 33 人，占 56.9％，被视为中等成绩者；40 至 59 分数段共 9 名学生，约占 15.55％，被视为低分组。

客体使用的教材是北京师范大学出版社出版，经过全国中学教材审定委员会 2005 年初审通过，2009 年 3 月第 3 版的普通高中课程标准实验教科书 Senior High English。

研究者知道，所有的学生都想学好英语，因为这是高考的要求。但那些低成绩者则需要很多的帮助和鼓励去克服他们在学习中遇到的困难。

3.2　要研究的问题

实践已经证明，写作对学生来说是一个具有挑战性和威胁性的任务。此次行动研究中的研究对象例外吗？在义务教育阶段，虽然各个学校都在落实素质教育，但学校为了满足家长希望孩子上"最"好高中的愿望，教学活动不得不围绕着中考，尤其是到了九年级。所以，在英语教学方面，一些老师坚持认为，用有限的课堂时间去"培训"学生写作不如让他们"背范文"实用和有效。他们通常的做法是，在中考前要求学生背诵范文和写作模版，做一些仿写。至于怎样训练学生写作，老师所能做的就是让学生改正作文中的语法错误了。

因此，Tsui（2002）指出："对于学生来说，写作是一种产生焦虑的活动，所以他们不喜欢写作"。写作意味着单调乏味，意味着一段痛苦的经历，也就是说，师生都中了红笔的魔咒，写作被所有关系到的人看作冗长沉闷的难为之事。因此，研究者认为，此次研究对象一样有写作焦虑，只是程度不同而已。

此次行动研究还要解决的问题是，如何基于教材单元话题，通过以读促写、合作写作和自评互评来提升学生写作能力。主要集中在基于教材的写作话题、语言的准确和得体、语篇的连贯以及安全环境四个方面。为解决这些问题，我们应考虑以下几个方面：

（1）什么话题会挫伤学生的积极性？学生感兴趣的话题是什么？在教材每一个单元的学习后，所给的话题都是学生喜欢的吗？如果不是，该如何设计写作话题？

（2）在语言的准确和得体方面，学生通常会犯什么错误？输入的不足，即话题词汇不足是不是学生语言不够得体的主要原因？与学习相关的错误类型，其中包含缺乏语言知识造成的错误和学生的语言表达引起的错误，如冠词、名词的单复数、形似词的混用、关系代词的使用、时态、语态、不规则动词的过去式和过去分词等，学生错误的原因是否与教师的帮助、指导不足以及教师的评价方式有关？在听读的教学中，教师在关注学生在语境中学习掌握词汇外，在写作教学中还应采取哪些措施来提高学生的语法准确性？

（3）学生在词汇和句式的选择上颇费"脑筋"，所以在多大程度上，他们还能考虑词汇的衔接和句子乃至语篇层面的连贯？是语篇知识的不足还是缺少过程性的指导？写前的范文阅读和分析及写作过程的指导是否能解决这一问题？

（4）至于安全环境，什么样的环境才是足够"安全"的呢？学生愿意组成什么样的写作小组？同伴或老师用什么样的评价形式才是受欢迎的？当然，写作时间的消耗也是一个需要考虑的问题。

尽管焦虑是写作的一个主要障碍，若弄清它产生的原因，并采取有效的相对措施，焦虑会得到减轻乃至消除。

3.3　研究的方式和手段

根据行动研究的要求和研究者的现有条件，本研究使用以下方式和手段：

（1）在实施研究前、中和后期对部分学生进行写作的问卷调查、写作课堂观察和访谈，收集相关数据，科学制定方案并在实施中依据反馈信息及时完善和调整。

（2）把每学期开学时的诊断性考试和第三阶段最后一次联合考试分别作为前测和后测，并对学生的每篇作文中出现的错误记录进行数据分析。

（3）利用科大讯飞的智学网对年级每次考试作文的数据进行对比分析。

3.4　假设的验证

新学期开学后第一周的第三天，写作训练的第一个阶段开始。研究者对写作过程中学生的表情和行为进行观察；在开学的第四天，对学生进行问卷调查；并在接下来的两天里，根据入学成绩，研究者分别采访了高、中、低分组的部分学生。最后，对数据进行了整理和分析。

3.4.1 写作课堂观察

在第一周的第五天，研究者给学生布置了一个写作题目，话题为"谈谈你的初中生活"，提示信息：1. 使用一般过去时；2. 分两到三个段落；3. 涵盖初中三年的生活并有自己的感受。下面是笔者课堂观察到的情景：

最初的两分钟，大部分学生在埋头思考；个别学生玩着手中的笔，似乎也在想构思。他们偶尔相互看一下；有些同学盯着作文本或向窗外看，他们可能正在想着应该写什么，如何开始，但一脸的愁容；有的同学看一看教室后面黑板上的钟，开始在纸上写几句话，停下来抓耳挠腮或推一推鼻子上的眼镜。一段时间后，他们似乎准备就绪，开始下笔了；有同学急忙翻开课本或词典，想查到点什么；也有的则皱眉捂着脸，不敢抬头看老师。他们似乎想得到点帮助，但又不好意思举手。

大约 15 分钟，一些学生抬起头，开始"自由"呼吸，似乎松了一口气。班内有十几位优秀生，已写出了第一稿，并开始自我检查。笔者随机看了几篇，有的是名副其实的"草稿"。语法方面的错误：没考虑主谓一致，可数名词的单独使用，时间、条件状语从句中动词的时态误用；词汇方面的错误：动词的搭配，冠词、副词、介词的误用等；语篇的衔接和连贯方面：大部分学生写了三段，表面上满足短文在结构上的要求，但句子层面的逻辑性差，简单句多，几乎谈不上语篇的连贯。

十位同学不能在规定时间内完成写作，但他们还是合上练习本，没有经过自我纠错或同伴的任何检查便把作文本上交了。看来，他们实在不想多看一眼那"生造"出来的东西。他们完成了"任务"，便想当然地认为，修改作文该是老师的事。

教育心理学家认为，当焦虑出现在课堂上，会有一个向下的螺旋效应。焦虑会使学生感到紧张和害怕，从而导致表现不佳，这反过来又造成了更多的焦虑，甚至更糟的表现。这种紧张和恐惧感与焦虑的认知层面密切相关，也就是担心。担心会浪费用来记忆的精力并阻碍某种思维的进程，这决不会对任务的完成有促进作用。

3.4.2 对写作焦虑原因的问卷调查

给学生分配写作任务之前，研究者做了一份英语的问卷，内容主要涉及合作写作小组和自评互评等活动。笔者对有些项目做出了解释，要求学生对所选答案在题后给出理由。

笔者在所任教的两个班级，问卷的答题卡由科大讯飞智学网的技术人员帮着设计。问卷问题涉及写作态度、写作过程、写作能力、写作话题、自评互评、写作反馈等方面，重点是了解学生对待上述问题的心理感受，从而进一步认识学生在写作过程中是否有写作焦虑。笔者对任教的两个班共发放了 116 份问卷，并全部收回。在 15 个问题前有下面几句话，以帮助学生认识本次问卷的意义。

本调查问卷是为了了解你的写作现状，仅供研究之用。每个问题都无对错好坏之分，请仔细阅读每一句话，并依照你的实际情况选择答案。所有问题共同的 5 个选项在问卷下端，请在答案卡上涂好你对每个问题的选项，并在每个问题后简单给出理由。

一直为本年级服务的智学网工作人员帮研究者读完了卡，学生对每个问题的回答整理如下，并对 10 多位学生进行访谈确认。下面每题选项后的数字为学生选此答案的百分比。

1. 你对英语写作感到担心。

A. 非常同意 38.09　B. 同意 42.57　C. 无所谓 9.9　D. 不同意 6.93

E. 完全不同意 0.99

可见，超过 80% 的学生对英语写作感到担心，而在题后他们给的理由是：不喜欢写英语作文；怕扣分多；掌握的词汇和句型少，更不知道用高级词汇；不会写，所以不想写；组织不好语言，甚至不会写一个完整的句子，不会表达；没有经过系统的训练。

2. 你接受老师给你指定的作文题。

A. 非常同意 23.8　B. 同意 34.65　C. 无所谓 32.67　D. 不同意 5.94

E. 完全不同意 1.98

超过 58% 的学生对老师指定题目可以接受，他们的理由是考试时，英语作文也是指定题目。而表示"无所谓"的学生认为，"写啥都一样，不会写，不想写"。

3. 你希望与同伴讨论写作话题。

A. 非常同意 16.19　B. 同意 36.73　C. 无所谓 33.56　D. 不同意 9.9

E. 完全不同意 2.97

对此题学生的回答确实出乎研究者意料，"同意"与同伴讨论写作话题的仅占约 50%，他们给出的理由是：讨论能激发灵感、拓宽思路，引发我们对话题的兴趣；写自己喜欢的话题更有劲；虽有可能打断自己的思路，但利于分享自己的想法，借鉴别人的想法。当然，表示"无所谓"的学生认为，同伴不大可能帮到自己，因为同伴的水平不如自己；"不同意"和"完全不同意"的学生认为，同伴讨论会限制自己的写作思路，而且讨论的效率不高。

4. 你愿意打作文草稿。

A. 非常同意 24.67　B. 同意 37.62　C. 无所谓 15.84　D. 不同意 15.84

E. 完全不同意 4.95

对于这个问题，超过 60％的学生"愿意打草稿"，他们给的理由是：先构思，搭框架，有助于理清思路，有利于作文质量的提高；可以提升书写，使卷面整洁；自己可以有修改的机会，减少错误。"不同意"者认为，考试时间紧张，这样会浪费时间；自己不想多费功夫。

5. 你担心写作时无话可说。

A. 非常同意 40.95　B. 同意 35.64　C. 无所谓 3.96　D. 不同意 14.85

E. 完全不同意 2.97

超过 76％的学生担心自己在写作时无话可说，有学生说，"无话可说让我焦虑"。原因是：经常想不起要用的词；提示信息少；即便是有话可说，但无法用英语表达；心里发慌；凑不够字数；常常只能是空泛地谈，写出的废话多，让文章很虚。只有约 17％的学生认为"按照提示要求，还能应付"。

6. 你担心写作中不知如何表达想法。

A. 非常同意 34.29　B. 同意 49.5　C. 无所谓 5.94　D. 不同意 5.94

E. 完全不同意 2.97

约 84％的学生担心不知如何表达想法，他们给的理由相对简单：词汇量小；训练少。只有 9 位学生因英语成绩不错而不担心。

7. 你担心写作中的语法错误。

A. 非常同意 40.95　B. 同意 40.59　C. 无所谓 10.89　D. 不同意 4.95

E. 完全不同意 0.99

超过 81％的学生担心写作中的语法错误，他们的理由是：语法错误多，且多是低级错误；高级词汇和句型不会用等。仅约 5％的学生不担心语法错误，因为他们的英语基础相对较好。这与 Tsui（2002）强调的语法准确性一致。

8. 你写作时会考虑语篇连贯。

A. 非常同意 20　B. 同意 58.42　C. 无所谓 9.9　D. 不同意 6.93

E. 完全不同意 2.97

虽然学生对本题的回答出乎研究者意料，竟然有近 80％的学生在写作时会考虑"语篇连贯"，但他们所给的理由又在意料之中，"虽然想到了，但不知如何连贯"。部分学生认为，想一句写一句，根据没考虑连贯；只要语法错误少，语篇连贯是慢慢学的。其实，在高一的英语考试中，由于学生处在高中英语写作的初级阶段，在评分时，老师对语篇的流畅度要求相对低些，这会让学生认为，"正确"才是硬道理，少犯错误是关键。

9. 你担心在 25 分钟内不能完成写作任务。

A. 非常同意 18.1　B. 同意 36.63　C. 无所谓 18.81　D. 不同意 13.86

E. 完全不同意 11.88

有约 54％的学生认为，思考"写什么"和"怎么写"花很多时间；一边想一边写，时间不够。还有部分学生的原因是：书写差，写得慢。当然也有约 25％的学生不会为此担心，因为"这是高考的要求"；有学生认为，只要是熟悉的话题，或有话说的话题，他们是可以在规定时间内完成一篇短文的。

10. 你担心自己的书写和卷面。

A. 非常同意 17.94　B. 同意 41.58　C. 无所谓 21.78　D. 不同意 14.85

E. 完全不同意 3.96

有近 60％的学生担心自己的书写和卷面，原因很简单，"自己字母书写不好"；"有时是想啥写啥，出错了就只能涂改了"。可见，在写作训练的初期，要强化对学生的书写规范和书面整洁的要求。

11. 你希望在上交作文前同伴互评。

A. 非常同意 1.9　B. 同意 9.9　C. 无所谓 45.54　D. 不同意 24.75

E. 完全不同意 17.82

学生对"同伴互评"的认识出乎研究者预料，没有想到仅 11 位学生接受，这部分学生认识到，通过同伴互评可以欣赏别人的作品，提升自己的改错能力。通过访谈，研究者了解到，有超过 40％的学生不希望"同伴互评"的原因是，这是考试不允许的；同学评不明了；自己的字太丑，不想让别人看自己的作文；耗时间，怕被批；还是老师评好。还有几位学生建议，要有评价标准。可见，学生对同伴互评有顾虑，怕显丑。他们对合作学习的认识有待提高，所以对整个班级的学习共同体建设有待加强。

12. 你担心老师给的作文反馈。

A. 非常同意 3.81　B. 同意 18.81　C. 无所谓 23.76　D. 不同意 35.64

E. 完全不同意 17.84

约 53％的学生不担心老师的反馈。其中，有十几个学生相信老师的指导，但大部分学生认为，老师给作文标红和给个分数，没啥好担心的。约 22％学生担心老师的批评和重写作文。因此，研究者认为，学生渴望得到老师反馈，但要少批评，多鼓励。同时，反馈要及时、针对性要强。

13. 你怕老师让你重写作文。

A. 非常同意 18　B. 同意 28.71　C. 无所谓 20.79　D. 不同意 17.82

E. 完全不同意 5.94

约 46％的学生怕老师要求重写作文，他们说，讨厌写英语作文；写作文太痛苦；这样太麻烦；不知道如何才能写好点，所以不会太用心；没有什么用。通过访谈了解到，选择"无所谓"的学生认为，不知道花在重写作文的时间是否值得。这给研究者的启示是，可以让部分相对优秀的作文不重写，这样既给用心写者以鼓励,又给暂时弱者以标杆。指导学生再修改作文并养成习惯是作文训练中至关重要的一个环节。

14. 你担心自己的作文被老师课堂讲评。

A. 非常同意 18   B. 同意 23.76   C. 无所谓 31.68   D. 不同意 9.9

E. 完全不同意 7.92

约 41% 的学生担心自己的作文被老师拿来在课堂上讲评。他们认为,作文错误多,怕丢人;怕公开"处刑";这样,会被人嘲笑;千万不要当反面教材!能接受的学生认为,批评可以更好地认清自己,激励自己,有利于写作水平的提高,但最好不要实名。从学生的回答中可看出,在传统的作文讲评中,教师会以反面例子为主,重在批评和警示。所以,在研究中,作文的讲评课,老师努力做到既要让学生能在下次的写作中不再犯同类错误,又要让他们不担心自尊会受伤害。

15. 你希望每周都写作文。

A. 非常同意 3.81   B. 同意 9.9   C. 无所谓 34.68   D. 不同意 21.78

E. 完全不同意 29.7

和研究者预料一样,超过 50% 的学生反对每周都写作文。他们的理由是,讨厌写英语作文;其他作业太多,抽不出时间。这也从另一个方面印证了本问卷的第一个问题的答案,学生对英语写作是担心的。

这说明不同的语言水平的学生对上述问题会有不同的回答。从学生对这 15 个问题的回答中,笔者得出结论:大多数受试者对英语写作都有焦虑情绪。其原因有:学生自己词汇量不足,词的用法和句法有欠缺,作文中的错误多,写作时间不够,得到的帮助少等。这验证了研究者的假设。

3.4.3 对学生关于写作焦虑的访谈

在问卷调查后,研究小组又随机从高分组、中分组和低分组各选取两名,共 6 名学生进行访谈,采集的相关信息见表 3-2 所列。

表 3-2 不同水平的 6 名受访学生的信息

姓 名	性 别	中考成绩	入学考英语成绩	毕业学校类别
刘智鑫	男	702	85	公办
李若愚	女	701	81	公办
何杰明	男	698	78	民办
孙睿智	男	681	67	公办
代琪琪	女	638	58	公办
王安东	男	634	47	民办

为了让学生表达出对写作的真实感受，允许他们用汉语回答老师的问题。五个问题如下：

（1）你对英语写作的感觉如何？

对于第一个问题，刘知鑫、李若愚和孙睿智表示不讨厌写作。通过写作可以帮助他们巩固所学的英语词汇，重要的是因为写作是高考的要求，高考书面表达25分，在未来的研究生和博士生入学考试时也要考英语，英语也是计算机世界必备的技能。他们补充说，有时还是有点担心作文中的用词不准确，语言不得体，不够流畅等。

王安东说，他知道，英语写作是学好英语的必要练习。但是对每一次写作，他自己还是有点不情愿，因为他很难用英语去表达自己内心的想法。所以花很长时间写一篇作文，且经老师一看总是错误百出，满篇红杠。虽然自己也想用心去写，但效果不佳，这让他很苦恼。英语是他最薄弱的学科，为此，他也花了不少时间，但总不见效果，这让他很担心。

何杰明和代琪琪认为，写作是他们不想做的事，因为看到话题不知写什么，且自己很难用英语表达自己汉语的想法，因此他们讨厌写作。

学生缺少的是词汇量和生活阅历，这造成了他们对有些话题只能去凭空想象了。

（2）你对课本上每单元后的写作话题喜欢吗？

李若愚等三位同学认为，他们能接受，因为从第一单元看，书上有指导他们写作的每一步，但同时他们也认为，希望老师对要写的话题能给予足够的帮助，如写作话题的词汇、句式等。王安东等认为，书上的写作要求高，很难写。

由此看来，优秀生对课本所给的话题不反感，而后进生却有"力不足"之感。

（3）你有打草稿和自我纠错的习惯吗？

六位同学仅代琪琪说，"只要时间允许，我还是打一下草稿，这样心里会踏实些，再誊写时，会修改一些错误。"其余五位同学的回答是"一般不打草稿。"孙睿智说，"我觉得打草稿会浪费时间，不如一气呵成一遍写好算了。"

因为学生写作过程较耗时，所以他们因担心写不完而不愿打草稿。

（4）写作时，你希望谁来帮你？是你的同伴还是老师？

六位同学有四位希望先得到同伴的帮助。他们认为同伴间的交流和反馈没有多大压力。王安东说，"相互间不担心会挨批评。"但刘智鑫和李若愚说，"我们不反对同伴互助，但担心同伴不能给出很好的建议。"

可见，学生在写作过程中希望得到帮助，只是需要考虑如何才能让学生真正获得所需的帮助。

（5）你想让谁最先修改你的作文，同伴还是老师？

孙睿智、代琪琪和王安东都是回答"同学"，这样老师看到的作文在语法等方面会有了提升，老师给的红线就少，"我们也能获得一定成就感"；而刘智鑫和李若愚则在愿意接受同伴帮助的同时，希望有老师在用词和语言的得体和流畅方面给予指导。

优秀生想获得更高层次的指导，而后进生却想从同伴那里获得"可商量"的帮助。

为了获得更多关于英语写作过程中学生态度的信息，研究者要求实验班学生书面回答上述 5 个问题。多数学生所给答案综述如下：

（1）我认为，我们大多数人不喜欢写作。原因有很多，如书写和语法。有时，写作需要大量的时间。但是我认为，写作文对于我们来说很重要，因为它可以帮我们巩固语法知识。

（2）我想让同伴帮我，因为在同伴面前，我可以讲自己的想法，没有畏惧感；老师没有时间给我们这么多人单独指导。

（3）我害怕写作，因为我的英语不太好，每次写作文都耗费很多时间，所以就没有时间自己改了；因为无法找到合适的词汇和句型来表达自己的想法，所以总会犯一些错误，知道自己在上交前该再检查一下，但总是不敢也不想再看自己写的东西。

（4）先由同伴来修改会减少作文的错误；当我们把修改过的作文交给老师的时候，感觉好多了。

学生在语法方面犯的错误表明，他们不擅长写作，或许厌倦英语写作，同时担心犯错、糟糕的书写和老师给出的分数和红线。他们对问题的回答也表明，学生关于写作最普遍的感受是："我不知道该写什么"，"我总是在犯错"，"我总没有进步"等。

学生们认为，经历了过去的失败，试图改变现状并不容易，因此他们已经"学会"不去尝试。如此消极的信念会让他们担心写作，这也是写作教学较大的障碍。

3.4.4　前测数据

为了了解学生的能力水平，年级在学生开学报到后，在 8 月 28 号到 8 月 29 号组织一次诊断性的测试，在这里研究者称之为前测。题目是：记暑期生活中一件最让你难忘的事。这个贴近学生的生活，是他们暑期生活的体验，他们一定有所感，有所想。字数为：80 至 100 字。

1. 前测学生作文分析

研究者对一些学生的作文进行了研究。以下是王安东的作文：

Last summer holiday，I am happy，because I and my father and mother can go to see my grandpa and grandma. We took train. We took about three hours getting there. I was happy to see my grandpa and grandma. They are happy too.

I played with the cat and a dog in front of the house. We had a good lunch at home. Next day，my father and I help my grandpa work in the fields，we can see flowers and trees，and I know beans.

I want to see my grandma again next summer holiday.

尽管他写的是他的亲身经历，但一篇不足 100 词的短文，出现了名词单复数、动词时态、动词用法、词汇的重复使用等错误，更不用说词汇的衔接、指代、指称、语篇的连贯等问题。有些学生还有短文结构、逻辑等问题。总分 15 分的作文，全班平均成绩仅 10.58 分。

2. 前测学生作文错误分析

研究者认真分析了学生作文的错误，结果如图 3-1 所示。

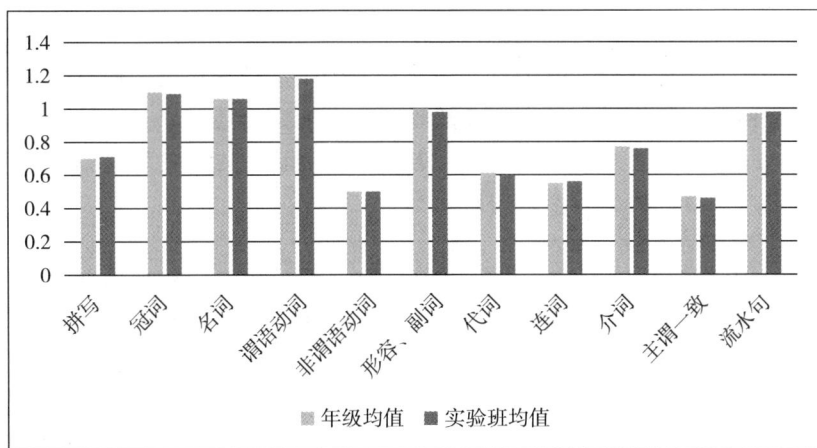

图 3-1　前测写作错误的均值对比

上表中，"拼写"指的是单词的拼写错误；"名词"指的名词的单复数的错误；"谓语动词"指的是动词的时态和语态错误；"非谓语动词"指的是使用动词不定式、动名词、现在分词和过去分词的错误；"代词"指的是使用人称代词、指示代词及替代和指称方面的错误；"连词"则包括使用并列连词和从属连词的错误；"主谓一致"包括主语和谓语在人称和数上不一致的错误，尤其是定语从句先行词与从句谓语动词不一致的错误；"流水句"指的是不考虑大小写和标点，小句间又无连词的错误。

从统计结果看，可能因汉语的影响，部分学生没有注意到"可数名词不可单独使用"。大小写错误除"流水句"即"连写句"中的随意大小写，较突出的是"Because"从句，即不是回答"why"疑问句，也没有主句，但多数学生却随意把首字母大写。"拼写"主要是指词汇的拼写错误，如"before"少"e"，月份和周日的拼写等。在"非谓动词"的使用中，由于学生尚未系统学习，只是在初中有接触，所以部分学生尝试使用"非谓语"，以求作文质量的提高，但在非谓动词作状语和定语方面错误较多。"动词时态"的错误主要是部分学生没有用好一般过去时。"主谓一致"错误在本篇写作不明显，因为短文主要是用一般过去时，但部分学生有误用时态和不规则动词的过去式错误。"形副"的错误主要是误用形容词和副词，如 The food tastes well. I was interesting in feeding chickens. 等。"冠词"错误主要是 an 和 a 的误用，以及上文提到的名词，下文再提及时没有用定冠词。"连词"的错误主要在"although"或"though"与"but"的连用，"because"与"so"的连用，当然还有在定语从句的关系代词及关系副词方面的使用错误。"介词"错误主要是在表示"时间"和"地方"的短语中，如"in this Sunday"，"in July 20"。"流水句"错误主要是部分同学作文中单句多，且不注意处理标点和连接词造成。

当然，在行文逻辑上，由于这篇短文是学生生活场景片段的回顾，有明显的时间特征，所以总的来说，学生作文的时间和空间逻辑还可以；在结构上，只有少部分是"一段到底"；在内容上，部分短文缺少记叙文的主要成分，如没有具体时间和地点，事件后也无个人的感受等。

3. 前测学生作文成绩分析

对学生的作文，研究者从结构、内容、语言，以及书写和卷面等方面给学生赋分，并对全班学生的成绩进行了分析，结果见表 3-3 所列。

表 3-3　前测的相关信息统计

分等级	15—14	13—12	11—9	8—6	5—0
学生数	4	11	29	12	2
百分比	6.89	18.97	50.00	20.68	3.45

4 篇优秀作文中，其中一篇是满分，其亮点是，语篇连贯，结构清晰，词汇及句式较丰富，语言较得体流畅；2 个低分分别是 5 分和 4 分，原因是他们写了一些无关内容，语法结构及词汇方面错误百出，缺乏语句间的连接成分，内容不连贯，且语篇不完整。作文的最高和最低分分差为 11 分。

实验班作文整体成绩基本呈正态分布，及格率约为 76%（14 人不及格），低于英语整体成绩的及格率 84.5%（9 人不及格），说明学生写的能力相对低于其他三项能力。

　　研究者挑出作为个案跟踪的 6 名学生的作文，他们的作文分数见表 3-4 所列。

表 3-4　前测中 6 个学生的写作分数统计

姓名	刘智鑫	李若愚	何杰明	孙睿智	代琪琪	王安东
前测分数	12	11	12	9	10	9

　　通过访谈，从部分低分者了解到，他们感到英语考试中时间紧。孙睿智说，"我做完前面的题目后仅剩下约 15 分钟，所以只能草草地写几句，也没有回头检查错误了。"代琪琪说，"我对英语作文本来就没底气，时间一紧张，就不知咋写了。"

　　由于语言的积累不够，学生提取信息难，在短时间内组句成篇的能力弱，且因此有所担心。这证明了研究者的假设，这种情况也促使研究者去做行动研究。

3.5　制订并实施写作训练计划

　　《课标》的"表达性技能"中有关书面表达技能要求：1. 清楚地描述事件的过程；2. 描述个人经历和事物特征；3. 借助语言手段建立逻辑关系；4. 传递信息、表达意义；5. 根据表达目的选择语篇类型；6. 根据表达需要选择词汇和语法结构；7. 选择正式语和非正式语；8. 运用语篇衔接手段，提高表达的连贯性；9. 根据表达的需要，设计合理的语篇结构。"英语学科核心素养水平划分（二级）"要求：有效地陈述事件，传递信息，表达个人观点和情感，体现意图、态度和价值取向；《中国英语能力等级量表》的"语言能力总表"的要求：有效传递信息，比较和评析不同的意见，发表见解，表达连贯、得体、顺畅，符合相关文体规范和语体要求。

　　考虑到学生的写作能力和教材每个单元的写作话题，研究者对教材中的写作话题（部分进行了改编）设计了如下三年的书面表达教学训练计划，写作训练计划表上标明了每个单元要学习的话题和基于单元课文学习要训练的写作话题，短文的基本"结构""内容""语言"要求和"写作策略"及"重心"（见表 3-5～表 3-9）。

表 3 - 5 2018—2019 学年第一学期的写作训练计划

Unit topic	Structure	Content	Language	Strategy	Focus
U1 Lifestyles A personal letter a letter to your friend about your school life, or your summer holiday life	Introduction		Fnformal; description; your feelings	Linking and sequence; informal expressions	The topic sentence; the description of one's feelings; the formation of a writing group Peer evaluating: order of time
	Questions				
	Information	Give information about your life and how you have changed			
	Reasons to finish				
	Sign off				
U2 Heroes A story—describe an admirable person or your hero	Setting the scene		Verbs; adjectives; people; general	Planning paragraphs; linking; sequence;	The topic sentence; the adaption of a writing group Peer evaluating: topic sentences
	Development of the story	Describe the main action			
	Conclusion				
U3 Celebration Describing an event—a birthday, graduation or wedding party	Introduction		Nouns; adjectives; verbs	Paragraphing and linking	The sequence; description; punctuation; linking; brain storm Peer evaluating: topic
	The beginning				
	Development	Describe what happened during the party			
	Conclusion				
U4 Cyberspace An Internet page for your city, town or area	Introduction; history	Write an Internet page for your city, town or area	adj. /n. about describing an area and sentence patterns about recommending a place	Drafting; highlight points; cohesion; coherence	Attractions; future tense; Peer evaluating: grammar mistakes
	Things to see/ sightseeing				
	Things to do; leisure				

（续表）

Unit topic	Structure	Content	Language	Strategy	Focus
U5 Rhythm A concert review or describe a party	The start of the concert The perform-ance The audience reaction The end of the concert	Write a review of a concert (real or imaginary); or describe a party	adj. /n. about describing the music, songs, sound quality, light, special effects, audience reaction and so on.	Layout; linking; checking rubrics	Right adjectives; clear topic Peer evaluating: sentence patterns
U6 Design Describing your dreaming houses or your park	Introduction; description; feelings	Write the description of your perfect house/ flat/park	adj. /n. / sentence patterns about describing your building or park	Right adjectives; organization of paragraphs	Place order; punctuation; capital letters; Peer evaluating: linking words

　　在第一个学期，研究者不断优化写作小组，更加关注学生语篇知识的积累，如短文的结构、主题句和支撑细节。同时，提醒学生自评后不出现低级错误，如大小写、主谓一致、名词的单复数等。对部分书写较差的学生，老师帮助他们落实提升计划。

表 3 - 6　2018—2019 学年第二学期的写作训练计划

Unit topic	Structure	Content	Language	Strategy	Focus
U7 The Sea A report about classifying garbage or about how to protect the sea	Introduction: classify garbage Development: why; what Ending: appealing	What activity Significance; People's duty Do one's bit to protect our home, the earth	Nouns and adjectives about protecting the environment; formal; fluent; precise; persuasive	The topic of paragraph planning; drafting	Topic; from paragraphs to theme; logical thinking Peer evaluating: unimportant points; string sentences

（续表）

Unit topic	Structure	Content	Language	Strategy	Focus
U8 Adventure Brochure writing, or introduce your hometown	Introduction	Writing directly to the reader	Verbs; adjectives; people; idiomatic expressions	Style of a brochure writing; describing attractions	Attractions; thinking ability and cultural awareness Peer checking: ambiguous elements Peer evaluating: misplace modifiers
	Selling points	Using opinion words to make the service sound attractive			
	Tips or requirements	Age, price, fitness, time...			
U9 Wheels A report about shared bicycles, or express trains	Introduction: shared bicycles	Describing how to use shared bikes; the convenience it brings about; the importance of protecting the environment	Nouns; adjectives; verbs; describing sth.	Using linking words to express addition and contrast	Gaining coherence from logical order; theme of comparison and contrast in order of importance; thinking traits Peer evaluating: accuracy of adjectives
	Development: how to use it; convenience and significance				
	Conclusion: your feelings				
U10 Money A passage about thrift, or about saving money/time	Introduction: your idea	Your opinion about money; giving supporting details; your appealing	Formal or informal; precise; persuasive; sentence patterns	Express your ideas; reasoning; convincing	Vocabulary; topic; language appropriateness; thinking and critical abilities Peer evaluating: supporting details
	Your reasons				
	Appealing				
U11 Media Writing a formal letter to an editor or a complaint letter	Beginning: writing purpose	The topics of your school newspaper or your purpose; your favourite sections or your dissatisfaction; your suggestions on the contents or columns or your requirements	adj./n. about describing the quality of a newspaper; light/special effects, audience reaction and so on	Supporting details; cohesion; coherence	Topic; gaining coherence from transitions; awareness of readers; Peer evaluating: needless points
	Body: your ideas and supporting details				
	The audience reaction				
	Ending: your suggestions				

（续表）

Unit topic	Structure	Content	Language	Strategy	Focus
U12 Culture Shock A letter to your friend to introduce the Chinese Fu character or chess	Beginning： writing purpose Body： the relationship between teachers and students Ending： your suggestions	Descriptions; Chinese culture; acceptable suggestions	Adjectives; sentence patterns; clauses	Describing; positive adjectives; logical thinking	Vocabulary, topic; awareness of readers; promoting Chinese culture Peer evaluating; needless repetition; adaption of a writing group

　　从"写作训练计划"可以看出，几乎是每个单元都有可供学生选择的写作话题，他们可选择更贴近自己生活经历的话题，这样英语写作就成了他们表达思想的又一途径。

　　在第二学期，研究者在继续强化学生语篇意识的同时，着力培养学生的读者意识和语用意识，关注文体的风格、语言的准确和得体性，以及材料安排的逻辑性。

　　经过一个学年的训练，研究者对学生的写作能力进行评估，从而进一步优化下学年的训练计划。

　　（1）书面表达训练第一阶段后学生的现状

　　经过北师大版高中英语4个模块12单元的学习，随着学生生活阅历的不断丰富，班内大部分学生在写作时能做到：在结构上，有了一定的语篇意识和读者意识，对不同话题短文的结构有较清晰的概念，且能较准确地使用连接词来保障短文的衔接和连贯；在语言上，学生的语言知识和词汇得以丰富，优秀生开始有了"高级词汇"和"多变句式"的意识，后进者也有了"斟酌词义"的"想法"；在内容上，能涵盖短文所要求的要点；在文化意识上，随着教材内容的学习，对祖国前沿科技发展信息的不断更新，对中华传统文化的理解进一步加深，民族自豪感增强；在思维品质上，学生的分析与推断、概括与建构以及批判与创新能力有了一定程度的提高；有了卷面意识，书写进一步规范。

　　（2）第二阶段教材分析

　　人民教育出版社的编审刘道义指出，"天下没有完美无缺的教材，而优秀的教师本身就是一部好教材，也可说是好的教学资源"，"教材存在着局限和先天不足之处，因为再好的教材也难以满足每个学生的需求，而且教材限于其时效性很难做到及时反映瞬息万变的真实生活。"在实际教学中，教师要根据学生的实际情况，"灵活地、创造性地使用教材，甚至能进行教学资源的开发，使教材尽量符合实际的需要，提高教学效率，达到课程的目标要求。"

实验班所在学校英语所用教材仍是北师 2009 年版。研究的第二阶段，即高二年级，要完成的教学任务是模块 5 至模块 8 的 12 个单元。单元话题涉及三大主题，即人与自我、人与自然、人与社会。写作话题涉及人物或事件描写（Unit 13，Unit 16，Unit 17）、申请信（Unit 14）、影评（Unit 18）、投诉信（Unit 23）、说明（Unit 20）、报告（Unit 22）等。当然，通过课题组对"近十年高考书面表达和北师教材的联系"研究，从第二阶段开始，尤其是第三阶段的写作训练话题会本着"基于课本教材，围绕高考要求"的宗旨，适当补充部分话题，如告知、邀请等，对部分单元的写作话题作了适当调整。

依据《高考试题分析》（2000 年版）关于"写作的基本要求"，研究要训练的"写作策略"重心在：切题，即审题意识，围绕主题来拓展内容；准确，即表达要准确，语言运用应贴切、得体，所用词汇内涵意义的精准把握，高级词汇的使用；完整，即内容要涵盖所有要点，无遗漏地完成交际任务；连贯，即行文要连贯，通过增加适当内容，使各要点间关系紧密，前后照应，脉络清晰，实现词句层面的衔接和语篇层面的连贯。

（3）方案实施

基于写作训练第一阶段（高一年级）学生现有水平和有待解决的问题，参照 2019 年《高考考纲》对书面表达的要求，依据教学实际，采用"围绕计划，适当补充"的灵活策略，由课题组研究制定了 2019—2020 学年两个学期的写作训练计划。实验班根据教学进度、年级安排的统一考试等适时调整写作话题，增加了写作的频率及写作讲评课安排。

2020 的春天是不平凡的，因新冠病毒的肆虐，全国大中小学生没能按时开学。从 2 月中旬开始，学校充分利用"腾讯会议"、"钉钉"、QQ 等网络平台开始了线上授课。基于学生居家"停课不停学"的现状，课题组分析了线上课的特点，学生写作过程中可能的"合作"——学生可以用 QQ 语音等开展线上的"brainstorm""discussion"和"evaluation"。当然，为了防止学生沉溺于网络游戏，他们线上的讨论通常是"定时"和"限时"的，且在家长的"陪伴"下进行。而老师的反馈也只能是线上的，通常是在学生发来的作文 PDF 照片上批阅。对少数不够认真或错误较多的学生，则采用书面反馈和线上语音"交流"的形式，来了解学生实际写作中的困惑和诉求。

4 月上旬学生返校上课后，学校考试次数增多，即每两周一次小测试，而书面表达是每次测试"必需的"部分。这样，学生的写作训练有了不确定因素，但同时，学生书面表达练习的次数多了，实战的机会多了。同时，年级统一考试会使用智学网的"作文智能评析"，学生的一篇作文既会得到老师流水批改所给的一个分数又能看到智学网给的关于"语法错误"及"拼写错误"等的反馈，同时，课题组老师在考试的答题卡返回后还会再批阅一次。这样，老师的讲评课的"依据"更翔实，"讲"的有据，"评"的更有效。

（4）着力解决上阶段的问题

在 2019 年的暑期，课题组就通过写作课堂过程观察实录、学生习作分析、学生访谈等手段，认真分析了问题的成因，讨论制定了下阶段要着力解决的问题，并在教学实践中及时总结和反思，并对方案做了相应的调整。

① 拓展话题词汇

基于北师版教材每个单元后的"Writing Help"，学生可参阅到的不仅有"Layout"，"Useful Vocabulary"还有"Linking"和"Checking"，如 Unit 14 的 Describing a person，学生可以看到描写人"头发""年龄""个性特点""喜欢或不喜欢"的词汇，但为了丰富学生的语块，老师又做了些补充，如表示"喜欢"的短语：like，love，enjoy，prefer，adore，affect，fancy，admire，be interested in，be kind of，care for，be fond of，be keen on，be into，be in favour of，be craze about，be wild about，have a liking for；be addicted to，be hooked on 等；强调句型：Such is Tom, my closest friend. It is Tom who...

② 丰富写作话题

《课标》和高考《考纲》都强调了对高中生书面表达能力的要求，用得体的语言、准确的词汇和语法、连贯的语篇"清楚地描述事件的过程；描述个人经历和事物特征"。Unit 13、Unit16、Unit 17 等强调了对人和事件的描述，而从 Unit 16 以后，教材为选修课程，尤其是 Unit 19 以后，每个单元对写作能力要求也相应提高，如"a report""an article"等，话题开放程度加大，对学生词汇选择和语篇组织能力等的要求有了新高度。为此，课题组认真分析历年高考书面表达的话题和文体，在用好单元词汇等"支架"的同时，设计贴近学生生活的话题，如 Unit 22 的写作话题为：A letter for introducing classifying garbage；Unit 24 的写作话题为 A letter about cooperation 等，这样更容易让学生用所学语言去表达思想，同时，在每个单元的学习中（约 3 个周）学生总会有不少于两次写作的机会。

③ 优化合作过程

随着写作小组的不断优化，学生词汇量的增加，写作机会的增多，他们在话题的拓展和语篇的构思和组织等方面用时在减少，而在个人修改和互评环节用时相对增多，这不是因为他们改错的能力在降低，恰恰相反，他们在语法的准确、词汇的选择、句式的多变，以及语篇连贯等方面有了更深的思考。此阶段虽有点耗时，但他们的逻辑、批判和创新能力在提升。

④ 强化反馈讲评

因英语的课时有限，而过程性写作训练需要课时，故每篇作文在教师反馈后再用课时去讲评几乎太"奢侈"。上课时，教师只是草草对作文总体情况作下反馈，尤其缺少了对学生作文中共性问题的"提醒"，个性化"亮点"的展示，学生就会缺乏对典型错误的认识，少了对优美词句的赏析，少了对学生肯定和激励的"例证"。针对此，对每篇作文的反馈，课题组设计常用的"板块"是："要点分析"，"词汇及语法错误"，"冗余现象"，"读者意识"，"需优化的句子"，以及"亮句"和"范文"等。这样，既可以提升学生的改错能力，又可以增强写作的自信心。

⑤ 渗透高考要求

陈玉松指出，"在平时的写作教学中，教师应有意识地按照评分标准来要求、指导学生写作，帮助学生写出内容完整、语言规范、语篇连贯、词数适当的好作文。"高考的命题设计是基于《课标》的要求，所以在平时的教学中渗透高考要求是在践行新课改精神。

为此，除单元的语篇学习和写作外，课题组还有意识地精选有关中华优秀传统文化的文章，如中国的传统节日、新四大发明、女排精神、抗击疫情的天使等，这不仅扩大了相关的英语词汇，更重要的是落实"立德树人"的育人核心，培养学生的家国情怀和民族自豪感。

表 3-7 2019—2020 学年第一学期的写作训练计划

Unit topic	Structure	Content	Language	Strategy	Focus
U13 People Describe a person	Introduction: who Development: what; why Conclusion: feelings	Describe a person; your opinions (supporting details); What can you learn? appealing	Language appropriateness; accuracy; fluency	Drafting; paragraph planning; giving examples	Vocabulary, topic; from paragraphs to theme; logical thinking; Peer evaluating; confusing shifts; incomplete construction; group formation

（续表）

Unit topic	Structure	Content	Language	Strategy	Focus
U14 Careers A letter of application	Beginning： who； purpose	What position do you apply for？	Sentence patterns； idiomatic expressions； formal； precise； persuasive	Application language style； present yourself； express your desire	Vocabulary, topic； logical thinking； the awareness of readers Peer evaluating： unnecessary elements
	Body： qualification； qualities； attitude	Your qualification； your strengths； your promise			
	Ending： expectation	Eager for a reply, an interview for the job			
U15 Learning A personal essay about my favourite school or teacher	Introduction： your favourite school or teacher	Describing your favourite school with your reasons and feelings； (the significance of such a school) the teacher's guidance or help	Nouns； adjectives； verbs； accurate description； your sincerity, determination, or wish	Paragraph planning； linking words：so that, another thing, such as, however, in order to, as well as, in conclusion...	Gaining coherence from logical order； ability of imagination； creative ability Peer evaluating： nonfinite verbs
	Development： description of the school or teacher and your reasons				
	Conclusion： expectation	your belief or expectations			
U16 Stories A description of a person or an event in my life	Introduction： a person or an event	Describing a person or an event； your opinion and supporting details	Advanced words and expressions； rich sentence patterns； language appropriateness	Drafting； narrative linking words； advanced and accurate words and expressions； various sentence patterns	Advanced vocabulary； rich sentence patterns； logical thinking； authenticity Peer evaluating： logical order； adjectives
	Beginning： describe a main character or event				
	Development： what；why				
	Conclusion： feelings	your expectation or greetings			

（续表）

Unit topic	Structure	Content	Language	Strategy	Focus
U17 Laughter A personal anecdote；or your unforgettable event	Introduction：what，who Development：when；where；how；why Conclusion：the influence of the event or activity	Describing an event； the details supporting the topic； the influence of the event or activity	The sequence of events；idiomatic expressions；rich vocabulary and sentences	Sequence linking words；paragraph planning：developing the theme under the guidance of a well-organized outline	Advanced vocabulary；cohesion and coherence；thinking ability and cultural awareness Peer evaluating：cohesion and coherence
U18 Beauty A film review：My favourite film or character	Introduction：brief introduction Development：comments on characters，plots，performances，or skills Conclusion：your expectations	The description； your opinion with reasons； your true feelings	Description；language of criticism；precise；logical	Brainstorming ideas；drafting；cohesion and coherence	Critical thinking； the topic and its supporting details；grasping the point Peer evaluating：supporting details

在本学期，研究者要强化学生的学习共同体意识，不断提高自评和互评的效率；随着课程内容的推进，如定语从句、状语从句的进一步学习，学生作文的质量会有一定提升，他们的描述和叙述能力会有提高。

表 3 - 8 2019—2020 学年第二学期的写作训练计划

Unit topic	Structure	Content	Language	Strategy	Focus
U19 Language A formal letter：An application for voluntary job	Introduction：greeting；purpose Development：your strengths and experience Conclusion：expectations	Writing purpose；describing your strengths in Chinese painting；your characteristics；your expectations	Language appropriateness；accuracy；fluency	Formal style；contrast linking；condition	Advanced vocabulary and sentence patterns；introduce the Chinese painting；logical thinking Peer evaluating：grammar；styles

（续表）

Unit topic	Structure	Content	Language	Strategy	Focus
U20 New Frontiers A letter to introduce China' New Four Inventions	Beginning：purpose；what	One of China's Four Inventions	Vocabulary；formal；precise；description；reasons	Paragraph planning；emphasis on sentences	Advanced vocabulary；logical thinking；the awareness of readers；Peer evaluating：unnecessary elements
	Body：usage；significance	Usage；convenience；			
	Ending：expectations	Welcome to experience it in China			
U21 Human Biology A letter to your headmaster or to whomever you want	Introduction：greeting；who；purpose	Self-introduction；your suggestions；	Adjectives/verbs；accurate description；reasonable suggestions；formal style	Drafting；linking：contrast	Gaining coherence from logical order；logical thinking；creative ability Peer evaluating：clear paragraphs；style
	Development：your suggestions with reasons	your reasons for labour activities			
	Conclusion：your gratitude and hope	Your hope			
U22 Environmental Protection A letter for introducing classifying garbage	Introduction：what	Environmental problems；what is classifying garbage？the significance	Advanced words and expressions；rich sentence patterns；language accuracy；fluency	Drafting；narrative linkers；advanced and accurate words and expressions；various sentence patterns	Advanced vocabulary；rich sentence patterns；logical thinking；authenticity Peer evaluating：clear points；coherence
	Development：what；why				
	Conclusion：attitude；appealing	Your attitude and appealing			

（续表）

Unit topic	Structure	Content	Language	Strategy	Focus
U23 Conflict A letter for complaint	Introduction：who；purpose Development：when；where；what goods；what problems；your demands Conclusion：your suggestions	Greeting；what product or service；what's wrong with the product；your demands	Language appropriateness；sentence patterns；clear claims；reasonable demands	Linking：a review；paragraph planning	Advanced vocabulary；cohesion and coherence；thinking ability and cultural awareness Peer evaluating：style；reader awareness
U24 Society A report about cooperation	Introduction：purpose；what Development：the meaning；the ways； Conclusion：your expectations	What is cooperation；importance；the ways of being cooperative	Description；accuracy；precise；fluency	Brainstorming ideas；drafting；cohesion and coherence	Critical thinking；the topic and its supporting details；grasping the points Peer polishing：sentence patterns

　　学生进入高三后，随着教学全面转入复习阶段，年级组组织的考试次数较非毕业班有所增加，一般每两周会有一次小测验，与兄弟学校间也会定期组织统一考试，英语的命题通常由年级组指定，所以研究者无法在考前知道每次考试或练习的写作话题，但研究者可以对已考过的话题做记录，并做好考试后作文的归纳和讲评，必要时对考试作文题进行同类型强化训练。根据对教材八模块话题的整合，结合考试写作话题，全学年写作训练做到话题全覆盖，文体全复习，进一步提高学生描述和叙述，以及逻辑和创新能力等。

表 3 - 9　2020—2021 学年高三写作训练计划

Theme Context	Unit	Topic	Writing Contents
People and Self	1 & 17	Lifestyles	About personal, family, community and school life, healthy lifestyle, positive attitude towards life, such as school life
		Laughter	
	8	Adventure	About travel and environmental protection
	10	Money	About good conduct, correct attitude towards life, civil duty and social responsibility, such as community service, donation, etc.
	14	Careers	About future career trends, personal career trends, future planning, etc, such as the life in 20 years
	15	learning	About being willing to learn, good at learning, lifelong learning, such as a letter about how to learn Chinese chess, etc
	16	Stories	About meaning and value of Life, such as describing a person
	19	Language	About strategies of language learning, such as a letter telling a foreign friend how to learn Chinese
Man and Society	2	Heroes	About people who have made outstanding contributions to society
	3	Celebration	About cultural customs and traditional festivals of different nationalities, such as introducing Chinese festivals
	4 & 20	Cyberspace	About science and technology development, information technology innovation, scientific spirit, information security, such as China's New Four Inventions
		New Frontiers	
	5	Rhythm	About your favourite film, television program and music
	6	Design	About representative works and figures in painting, architecture, etc, such as describing a famous building, picture, or a painting
	9	Wheels	About green travel and health

（续表）

Theme Context	Unit	Topic	Writing Contents
Man and society	11	Media	About major political and historical events, cultural origins, such as describing an event, suggestions to an editor
	12	Culture Shock	About cross-cultural communication, inclusion and cooperation, such as introducing the Chinese tea or festival culture
	13 & 23	People	About good interpersonal relationship and social interaction, such as sharing your experience about getting on well with others
		Conflict	
	18、21 & 24	Beauty	About social progress and human civilization, such as describing your favourite poem, athlete, thrift in daily life
		Human Biology	
		Society	
Man and Nature	7 & 22	The Sea	About protection of the environment, animal and plant; natural environment and natural heritage
		Environment Protection	

　　高三的一学年，研究者会结合复习课内容，围绕《考纲》的要求，进一步增强学生的读者意识，训练学生不断打磨语篇的连贯性、语言的丰富性和流畅性，以及准确使用较高级词汇的能力，实现对五种常用文体的写作训练教学要达到的目标（见表 3-10）。

表 3-10　写作教学文体训练目标

文体	关注特征	写作教学目标
应用文	文本格式 语言特征	掌握书信、通知等文体特征，把握感谢、邀请、建议等社会交往类功能项目的语言特征；有读者意识，语言得体。
描述文	特征与细节 逻辑关联	在描述人物、事件、地方、场景时，掌握感官细节、心理活动、事物主要特征、时空顺序的描述方法。
记叙文	基本要素 主旨与细节	掌握记叙文的文体特征、基本结构、主旨大意、段落大意和关键词句，能准确表达情感态度。
说明文	说明方法	准确应用举例、分类、比较、定义等各种说明方法进行介绍或描述。
议论文	论点与论据	恰当地提出论点，准确运用论据支撑论点。

　　同时，在教材复习过程中，研究者把写作话题与历年高考全国卷的写作话题结合起来，关注书信、邮件等应用文体的格式，强化与学生生活密切相关话题的训练，从而增强复习和训练的针对性，在提高学生高考的应试能力的同时，落实《课标》要求，提升了学生的学科素养。

　　每学期结束时，学校会组织期终考试，科大讯飞的智学网将提供考试中学生的写作分析。同时，为了得到写作小组的有关信息，研究者会采访部分学生。最后，研究者根据所收集的信息调整研究计划。

　　研究计划从 2018 年 9 月进行到 2021 年的 7 月，约有 110 个教学周。除去学校统一组织的考试、运动会、研学旅行所用时间外，学生一般每周会完成一篇作文。

3.6　写作训练教学设计案例

　　制订好写作计划，研究者开始实施。基于北师大 2009 年版教材的必修 15 个单元和选修的 9 个单元课文的阅读，通过合作写作及自评互评，以降低高中生的写作焦虑，增强学生的写作兴趣，在提升阅读能力的同时，提高学生书面表达的综合能力。为此，研究者根据学生的学情，设计出以下写作训练教学设计的框架。

Unit _____

Teaching contents：

Teaching objectives：

Teaching methods：reading-based；peer evaluation

Teaching procedures：

Step One Reading

1. Reading for the outline

Students do fast reading for the genre and the structure of the model essay, picking out the key sentence or general idea of each paragraph.

2. Reading for sentence patterns

Students read the model essay again to find some useful sentence patterns, such as so... that...；it is/ was... that... etc.

3. Reading for key words and expressions

With the teacher's help, students read the model essay again to pick out some useful chunks about some topic. Meanwhile, students are encouraged to sum up the related chunks they have learnt in the unit.

Step Two Writing

1. Brainstorming

Writing groups talk about the writing topic, the layout, the related chunks, etc., which gives the help that some students need.

2. Individual writing

Students write the first draft individually, which is the vital part of the class.

Step Three Evaluation

1. Self-evaluation

Referring to the rubric, students do self checking, paying attention to grammar, capital letters, tenses, and so on.

2. Group evaluation

Students exchange their drafts and do peer mutual evaluation under the rubric, pointing out mistakes, enjoying the beautiful sentences and giving suggestions on how to polish the writing.

3. Individual rewriting

Referring to the peer suggestions, students rewrite their second drafts.

Step Four Presentation

Some students present their essays, and the teacher gives some evaluations, including some enjoyment and encouragement.

Homework：Polish your writing.

Teaching feedback：

1. Students' grammatical mistakes；

2. Sentences to be polished；

3. Students' beautiful sentences.

参照以上教学设计框架，研究者设计了北师版高中英语教材第一模块第三单元写作教学设计案例。

第一模块第三单元的话题是熟悉我国和英语国家的一些休假日及活动；了解印度尼西亚、希腊的婚礼、风俗及社交礼仪；了解有关英语国家的个人庆贺活动，如生日、毕业等。在第一课中，学生学习了解我国的三大传统节日：春节、端午节和中秋节，学习中华文化和关于节日的描述。在第二课，学生学习了解西方国家庆祝主要节假日的方式、风俗和礼仪，以及英语国家人们在行为举止和待人接物等方面与中国人的异同，以拓宽学生的视野，增强学生的跨文化意识。在第三课和 Culture Corner，学生学习了解西方国家主要节日圣诞节和万圣节的来历和庆祝方式。通过单元课文的学习，让学生了解并尊重异国文化和风俗，增强对本民族文化传统的热爱。

　　本单元写作的目标是，能运用 Paragraph planning 写作策略来描述一个事件。为顺利完成这一写作任务，老师要帮助学生归纳本单元有关节假日和庆祝活动的有关词汇和语块，学习有关描述事件的连接词和事件描述的框架。

Unit 3　Celebration

Writing：Describing an event

Teaching objectives：

By the end of the period, the students are able to：

1. know how to describe an event, a party；

2. write a short passage about a party；

3. check and polish the writing under the rubric.

Teaching point：

Helping the students describe a party, improving their ability of description.

Teaching difficulty：

Some students have difficulty describing their feelings in English.

Teaching method：

Production-oriented approach

Teaching procedure：

Step One Activate and share

1. Which party you have attended is unforgettable？

2. Can you describe it in English？

3. What elements must a party description have？

Step Two Reading and doing

Individual work. Before your reading, do the following：（on page 45）

1. Read the description of the party. Match these topics with the paragraphs （A—D）

(A) how it ended　　　　(B) the situation

(C) how it began　　　　(D) during the party

The passage on Page 45

2. Now read the text again and complete the gaps with these words：

in the end, while, first, then, after that

Step Three Writing

Describe a party you have been to. Discuss and follow the stages.

Stage 1 Discuss a layout

Use the scaffolds below to help you think of ideas.

(1) Introduction to the situation：

Why? — a birthday party, a graduation party

Where? —in a house or restaurant

When? —on July 3rd, On Wednesday evening, last week

Who? — family and friends

(2) The beginning：

What preparations?

What time?

What food?

(3) Development：

What happened during the party? Including who, what, how, etc.

(4) Conclusion：

What happened in the end?

When was it over?

Was it good? Put your feelings into words.

Stage 2 Write the first draft individually

Use you notes to write a description in four paragraphs.

Use the following scaffolds (on page 91)：

Linking (sequence)

before, after, when, as soon as, firstly, first of all, after that, later, then, next, finally, in the end

Useful vocabulary

Nouns：barbecue, buffet, burgers, fancy dress, present, reception, speech

Adjectives：brilliant, crowded, excited, formal, funny, loud, nervous

Verbs：to celebrate, to dance, to introduce, to invite, to meet, to organize, to wear, to have fun, to enjoy

Stage 3 self-checking

Check your first draft, focusing on grammar, capital letters, spellings, punctuation, the agreement, the number of nouns, and the articles.

Step Four Peer assessment

Based on the following rubrics，do peer evaluation.

Evaluation rubric

Item	Question
Past tenses	Have you checked irregular past tense?
Grammar	Have you checked grammar mistakes?
Adjectives	Can you add any adjectives to make your description more interesting?
Linking words	Have you included some linking words?
Topic sentence	Does your paragraph have a topic sentence?
Reader awareness	Who is your reader?

Step Five Presentation

Some students present their writings.

Homework：

1. Polish the writing；

2. Draw a mind map about the vocabulary of a party.

教学设计的第一稿出来后，课题组讨论认为，第一稿中，个别教学活动的目的不够清晰，活动的时间也存在问题，如学生在课堂上完成二稿的时间不足。于是，研究者设计出第二稿。刘晓静等老师再次交了"高中英语写作教学观摩记录"（见表 3 - 12）。

Teaching objectives：

By the end of the period，the students are able to：

1. know the layout of the description of an event or a party；

2. write a description of a party or an event；

3. learn to do peer evaluation of the writing under the rubric.

Teaching Procedures：

Steps and objectives	Teaching activities	Design intent	Evaluation point	Interaction models
Step One　Activate and share				
To activate what Ss learn about parties and festivals	Answer the questions： What elements must a party description have? How can you describe a festival?	To help Ss draw information about festivals and parties.	Through the questions, Ss can get the writing scaffolds.	IW CW 3'

（续表）

Steps and objectives	Teaching activities	Design intent	Evaluation point	Interaction models
Step Two Reading and doing				
To read the model description to get the layout and the linking	Read the description of the party. Match these topics with the paragraphs (A—D) (on p. 45). Now read the text again and complete the gaps with these given words (on p. 45).	To help Ss get the outline of a description and how to use the linking words.	Ss are able to grasp the layout and the linking.	IW GW 5'
To get more scaffolds	Read Describing an Event (p. 91). Read for the tenses in describing a party or festival.	To help Ss get more scaffolds in writing.	Ss can use the given words and chunks.	IW GW 4'
Step Three Writing				
To get clear layout of a description	Read the diagram in Stage 1 on page 45.	To prepare Ss for the writing.	Ss grasp the layout of a description.	IW 2'
To learn to write a description	Write the first draft description of a party, a festival or an event.	To use what Ss have learned.	Ss can write a description.	IW 15'
Step Four Assessment				
To improve self evaluation	Do self checking to reduce the mistakes of the writing.	To improve Ss' skill of self checking.	Ss can find and correct some mistakes.	IW 3'
To set a rubric	Discuss and set a rubric.	To help Ss consolidate the points.	Ss know the points of a description.	GW CW 3'
To strengthen the awareness of cooperation	Do peer evaluation under the rubric. Each student gives at least one evaluation.	To sharpen Ss' skill of evaluation.	Ss can do assessment in English.	GW 5'

（续表）

Steps and objectives	Teaching activities	Design intent	Evaluation point	Interaction models
Homework：				
Polish your second draft； Do the exercises in Focus on Writing on page 86.				

Writing Rubric 3

Unit 3　Describing an Event　　　　Total score ＿＿＿＿＿

Items	Evaluation Contents	Score
Structure & Contents	Introduction：why，when，where did the party take place，who? (2 marks)	
	The beginning：preparations and how it started (3 marks)	
	Development：describing what happened. (5 marks)	
	Conclusion：describing the scene at the end of ... (2 marks)	
Language	Grammar (2 marks)	
	Vocabulary (3 marks)	
	Sentence structures (2 marks)	
	Main idea (2 marks)	
Cohesion & Coherence	Linking words etc. (2 marks)	
Handwriting	(2 marks)	

Teaching reflection：

1. The students are interested in the topic about their true life，so they were active in all the teaching activities；

2. Individual writing went smoothly. Time limited，students had no time to share their writings in class，but they can enjoy some compositions in the next class.

表3-11　高中英语写作课堂教学观摩记录

授课教师:杨玉乐　　　学生年级高一（10）　　学生人数58
课型：英语写作　记录人：刘晓静
教学内容：北师大高中英语教材（2009年版）第3单元

步骤	师生活动情况	评论/建议
激活已知	教师告知本节课的内容和目标；接着学生尝试口头描述自己熟悉的聚会。这是学生熟悉的话题（本单元学习内容）。	学生在课文学习时积累了一定的词汇和句式，所以他们的描述较流畅。 也可以要求描述本班去年的迎春晚会，这样全体同学会更感兴趣。
范文阅读	学生阅读范文，找出段落主题，并完成短文中表示时间顺序的短语，教师做必要的强调，如时态、文章结构等。	学生读范文获取要写短文的框架及衔接和连贯所需的语块。 可以让学生重温第4课Christmas的结构。
语言建构	学生以小组形式复习归纳描写聚会可能用到的名词词组、动词词组、介词词组、形容词词组等，学生获取了足够的"脚手架"。	复习已学知识，一方面是巩固，另一方面为写作使用做好准备。 教师要求学生先个人从记忆中提取相关知识，再小组内分享，可以增强学生学习信心。
写作准备	教师要求学生阅读教材中所给的Stages和第91页Writing Help上关于描写事件的"帮助"，使学生有了写作所需的语言素材和对所写短文的评价标准。	写作前准备充分，学生有了写作的兴趣，部分学生已开始打草稿。 如时间允许，可以让学生先写出可用的语料，如描述人心情的形容词等。
写作过程	绝大部分学生用了约十几分钟完成了草稿，这说明学生对本单元的学习较扎实。	教师在前面的大屏上呈现短文的评价标准，让学生写作时有明确目标。 教师来回巡视，为学生提供必要的帮助。
评价	根据大屏上老师给的Rubric，学生先是个人自评，接着同伴间互评，这可以大大降低学生作文中语法等方面的错误。	同伴间互评不仅能提升作文的质量，也可以提高学生的改错能力，增强合作意识；个别学生没有完成写作，没有展示学生作文，因没有时间了。
作业	学生对自己的作文再修改，及时上交作文。	教师可以提出更高的要求，以便优秀生有更大的提高，如使用定语从句等。

3.6.1　写作训练模式

为了确保写作小组能发挥作用，课堂上的合作写作小组是精心组建的。全班被分为 15 个组，每组 4 人，其中有一组仅有 2 人，他们的活动成了 pair work。因为研究者（笔者）担任实验班级的班主任，所以在安排座位时会考虑他们的英语水平会，尽可能做到"组内异质，但组间同质"。每个小组都有一个可以作为"导师"的学生。在不断地研磨后，英语书面表达训练课的基本步骤如下：

第一步研读范文——激活知识，明晰框架。

首先，老师帮助学生激活单元话题，并研读教材 "Communication Workshop" 的 "Writing" 中所提供的范文，引导学生分析短文的主题、语篇类型和结构、语言风格等，领会每个 "Stage" 的要求，归纳写作时可能用到的词汇和句式，学生可以参考 "Writing Help" 的内容（10—12 分钟）。

第二步　小组讨论——议话题，提语块（3 分钟）。

小组讨论通常包括阅读后的头脑风暴和讨论。学生明白自己要写话题的范围后，研究者会提醒学生在小组讨论中要关注下列问题：

（1）你要表达什么主题？

（2）读者是谁？

（3）一个段落是否围绕一个主题拓展？有无支撑细节？

（4）你用到所读课文里的什么词句？

学生明确上述问题后，小组可以开始活动。首先，学生在一个较具体的主题上提出自己的想法，谈短文的框架及可能会使用的主题句、短语和句型。同时，每个成员也会接受来自别人的建议。起初，一些害羞的"后进生"不愿参加小组活动，因此研究者在课堂上来回走动以参与和监督小组的活动，鼓励所有成员使用英语，积极参与讨论。同伴支持对于害羞、没有安全感甚至不感兴趣的学生来说是一种强大的动力。逐渐地，学生开始意识到，讨论在主题生成及材料组织方面的重要性。尽管实际的写作是单独完成，但同伴间的讨论给个人的写作提供了充足的心理准备。

第三步　写第一稿——独立写草稿（10 分钟）。

基于《课标》对写作的要求，写作只能由学生个体而不是小组完成。这正是 Ghani（1986）所强调的，也是高考所要求的。

在写作过程中，学生要保持安静，不得讨论和询问，但是如果有必要，可以参考工具书和教科书。老师巡视，但非必要不提供帮助。

研究者发现，学生们经常在往下写的时候回看已写的内容，这说明写作是一个扩展和精炼的过程，也是一个循环递进的过程。约三分之二的学生能在规定时间内给出草稿，虽然有些卷面不太整洁，内容不够充实。总有十几位同学因拓展话题有困难、书写较慢等原因没能完成写作任务，但随着写作训练的不断推进，这部分学生也会越做越好。

第四步　自评——关注语法、主题句和支撑细节（3分钟）。

在老师反馈前，学生有机会去完善他们的写作是非常重要的。如果学生的作业本上满是红色的批改字样，学生会倍受打击，也会对他们的创造性、学习热情和自信心产生负面影响。

学生分析句子，独自找出错误并改正。其中包含句子层面的错误，例如主谓不一致，冠词的使用，形容词、副词的转换，动词时态，连接词的使用等。虽然看上去很耗时，但这给学生一个对使用语言进行再思考和再加工的过程，这能减少对老师的依赖，从而提高学生的学习自主性。

在写作能力提升的过程中，学生要尽可能自查出作文中的低级错误。刘道义（2003）认为，高中学生不再犯这样的（低级的）错误是非常重要的，学生写作中继续频繁出现这种错误必须得到反馈。

Ancker（2000）强调，如果旨在提高语言的准确性和流利性，当然自我纠正是必要的。Hobelman 和 Wiriyachitra（1990）认为，小组讨论鼓励学生使用头脑中的信息去纠正自己的错误。当然，最好的办法是让学生自我纠正；如果自己不能完成，就让同伴来帮助；较复杂的错误就留给老师来纠正。

第五步　互评——关注所用词汇是否准确、信息是否清晰表达、语篇是否连贯等（8分钟）。

普通高等学校招生全国统一考试英语试卷第四部分第一节短文改错的要求是"假定英语课上老师要求同桌之间交换修改作文，请你修改你同桌写的以下作文。"

在人教版《普通高中课程标准实验教科书》必修第五册（P61）的写作练习中有这样的要求：

When you have finished, show it to your partner. Ask him/her for advice:

Is it clear?

Does it make sense?

Do the ideas follow one after another?

Does it have any grammar or spelling mistakes?

可见小组评改作文是行之有效的。所以，在小组讨论中，小组成员被要求朗读他们的作文，这样成员就成为彼此作品的听众。这是写作经验分享的一个重要环节，因为正是通过同伴作为读者的回应，学生才会形成一种意识，即作者正在

"创作"的可以让别人阅读的东西。

就同伴反馈,张利琴(2013)认为,同伴反馈可采用"一稿一聚焦"的策略,即每稿只反馈某一特定的方面,比如第一稿以内容为导向,修改文章中与内容相关的不足之处;第二稿以形式(如文章结构)为导向,优化文章的框架结构;第三稿以语法为导向,修改文章中的语法错误。可见,同伴反馈可以多次进行,每次各有侧重。

针对实验班学生写作的实际情况,研究者制定了合作写作小组反馈的步骤和重心。

1. 以形式为导向

以形式为导向的目标就是关注文章的组织结构等。小组成员在听到同伴的作文后要认真思考以下问题:

(1)作文的主题是否鲜明,结构是否合理,层次是否清晰;

(2)段落有无主题,有无支撑细节;

(3)传阅作文,关注书写和卷面。

2. 以内容为导向

以内容为导向的目标就是关注话题和内容的关联度。小组成员须完成下列任务:

(1)根据问题,写下你认为的要点;

(2)要求作者重读让人困惑的部分,提出问题,并要求做出合理解释,然后做出评价,给出自己的观点及修改意见。

(3)短文中有无与主题无关的细节(由于受母语影响,英语写作时没有使用线性思维);

(4)作者要记下组员的点评,但不要立刻做出修改,须反复思量。

为了帮助学生进行互评,研究者给了他们一组代码来指代错误,例如 Cap 代表大写,P 代表标点,SP 代表拼写,VT 代表动词时态,WC 代表词汇选择,SV 代表主谓一致。这也是老师给学生习作反馈的常用代码。

完成以上步骤之后,组员充当读者角色,寻找作文的亮点。鼓励同伴说出自己所能欣赏到的东西。第一步的目标在于激发学生重视对主题和支撑细节的把握。笔者发现学生通常会为同学提供一些口头上的点评。

学生应该反思以下问题:

(1)我写的是我真实的想法吗?

(2)我写的与要求相吻合吗?

3. 以语言为导向

语言为导向的目标在于修改写作中的语法错误,所用词汇的准确与得体性。

小组成员须完成以下任务：

（1）划出你不理解的单词、句子；

（2）所用的主要动词结构、主要的词句等是否正确；

（3）文章中有无冗余现象，即有无重复使用的词汇和句型；

（4）给出自己的看法，并给出修改建议。

作为合作写作的小组，成员间的点评不仅仅帮助学生互相学习，也能帮助他们克服心理障碍。所以，研究者发现越来越多的学生愿意参与到小组活动中。

在写作期间，研究者对小组提出了以下要求：

（1）合作小组是学习共同体，要相互尊重；

（2）必要时指出错误或修改建议，每位成员都应该在阅读过程中有一定的停顿，这有助于成员更好地理解；

（3）依据"评分量表"给小组的每篇作文赋分。

当进行小组讨论和修改时，研究证明，写作其实包含很多的口头讨论。王蔷（2001）强调，说与写是融合在一体的，两者都是语言的输出过程。在现实中，大多数写都是以讨论为基础的，培养学生使用语言的综合技能才是我们教学的目标。

研究证实了小组合作有很多优势：

（1）为学生的作品创造了一群感兴趣的读者。

（2）能提供及时的反馈和交流。

（3）每一位学生都能给出并获得同伴的点评。

（4）利用文字的形式进行反馈，更加容易。

（5）教师评价学生的作文相对容易了。

（6）能节省很多时间，尤其是人数多的大额班级。

（7）能提供复习反思的材料。

（8）对于教师的未来成长是很好的实践。

第一个学期，研究者发现班内有几名学生不愿与他人合作。尽管小组协作是一个提升学生团队意识的好机会，但是如果有学生抱有这种态度的话，小组的活动就是浪费他们宝贵的时间。为了消除这种现象，研究者通过面谈了解到，个别学生认为讨论会浪费时间，也有个别学生因基础弱而不敢开口。为此，研究者不断优化小组建设，尽可能给所有学生创设愿意交流的氛围和机会，渐渐地，积极性不高的部分学生也有了改变。

第六步　写二稿——依据建议修改，写二稿（6分钟）。

学生进入高二后，在小组讨论、自评互评环节，用时明显减少，课堂效率有了较大提高。鉴于此，研究者对写作课的"步骤"做了补充，把在高一时"写二稿"放在课后，改为在课上完成。

学生们使用有标准四线格的作文纸，这利于学生书写的提高。在充分考虑到同伴所给的一些关于作文结构、内容及语言的准确性（语法、拼写）等方面的建议后，学生开始对自己的习作进行修改。当然，所有学生都有权接受或反思别人的建议与评价。随后学生会花几分钟写出第二稿。在交作文之前，学生依据"写作错误统计表"记录自己作文的错误。

3.6.2　教师的反馈

学生上交作文后，研究者会及时给学生反馈。经过学生的自评和互评后，学生作文的低级错误，如大小写、名词的数、冠词及主谓一致等会大大减少，所以老师批阅一篇作文的用时也少。

《普通高中英语课程标准（实验）》在写作评价标准中提出，对学生的作文主要从内容要点、语言使用效果、结构和连贯、格式和语域以及与目标读者的交流五个方面进行评价。在批改过程中，教师要关注作文的结构、内容、语言以及书写和卷面。跟小组反馈所要做的一样，研究者首先关注文章内容，以及学生是否回答了这些问题：你想向读者传递什么信息？读者是谁？段落的主题句是什么？段落的细节是否支撑着主题句？

随着训练的推进、学生知识的丰富和写作综合能力的提升，研究者的批阅在关注语篇结构的同时，更关注学生用词的准确、得体和词的搭配和衔接、句式的丰富及句间和段间的连贯。分阶段、有重点地抓学生定语从句、非谓语动词和特殊句型的使用，总结和提醒学生材料组织的逻辑性，主旨意思是否直接和明了，避免冗余和迂回现象。

研究者用一套师生都知道的代码，如 T 表示时态，Run-on 表示流水句等，给学生的作文上标注，只要学生自己能改出错误，研究者都不直接改正，如遇用词不当，学生又难想到的，则由老师写出。正如刘雨田和杨芳（2014）指出的："对于英语水平较高的学生所犯的语言错误，教师可以只将错误标出而无须提供该错误的正确改法，而对于英语水平较低的学生所犯的语言错误，教师如果认为他无法完成对该错误的正确订正，则可以在标出错误的基础上提供该错误的正确改法，如有必要可附上简单说明。"

对学生作文里优美的句子，用波浪线标出并客观地给予鼓励，比如"Well done!"，"You've made progress in handwriting!"等，以示肯定和欣赏。即使对于一些比较差的作文，除了给出具体建议，也常使用"如果……"句型来表述。例如，"如果你……会更好"等句式，以此来保护学生的自尊心，增强学生对自己学习能力的信心。

在批阅作文的过程中，研究者会随时记录学生有代表性的错误、精彩的词句乃至优美的短文。

在小组合作的帮助下，学生较满意地交了作文的二稿。由于二稿作文中的错误少了许多，且老师只是在文章中标出需要修改之处，所以学生不再担心老师对作文的反馈。另一方面，他们也想看看自己写作的进步，同时，他们也意识到自己有能力提高自己的写作能力。作为一名老师，通过自己对学生作文的反馈可以让学生有一定的成就感，这样能慢慢地降低他们的写作恐惧，增强他们写作的信心。

由于小组合作要承担一定责任，老师的工作量反而大大减少了。Wood 认为，这不仅服务了老师，也为学生提供了宝贵的机会来为自己的工作负责。

3.6.3 学生对老师反馈的回应

通常情况下，正如李军华等所说，"虽然教师花费了大量的时间和精力对每篇作文精批细改，但是学生在拿到批改完的作文后，通常只看一眼得分和批改之处，便将其置之一旁，并未进行深刻反思或修改；有些学生甚至拿到批改的作文后只看成绩，并不关注老师标出的错误，也不向老师请教或做进一步修改，导致下次写作时犯同样的错误。"

为此，研究者在每次作文批阅后，对学生的错误要进行分类总结，发现共性问题，思考学生不犯同类错误的对策，认真准备对学生作文的集体反馈。

3.6.4 作文讲评课

教师对班级整体作文反馈通常只是讲讲作文中典型语法的错误，提醒学生写此类作文应注意的问题等，只是老师一个人说，可能只用课前两三分钟，所讲错误可能也不是大多数学生的问题，老师没有要求再写，甚至没有要求学生根据老师的反馈再修改自己的作文。一方面，对有些学生，即使老师提出了修改作文的要求，但因为老师不会再收批阅，他们也就把作文本放一边。另一方面，在课堂上，学生即使想修改，但老师没有给他们同伴再议的时间，也不知道好的作文该是什么样。所以，有效的课堂集体讲评是必要的。

（1）讲评的方式

作文的集体讲评不能只是老师讲学生听，而应是多元的，是师生间和生生间的互动，有通过班级大屏的讲评，有讲义的参考和练习，有师生间的问答。

（2）讲评的内容

在课前，研究者多会把讲评内容印发给学生，内容包括：作文题目及要求，作文的框架，可参考的词句及范文；学生作文中的典型错误，如语法错误、不当的词句、冗余现象、读者意识等。如内容较少就用电子大屏展示。

（3）讲评的过程

首先，在学生拿到作文本后，研究者会利用讲印或电子大屏，把在全班作文批阅过程中所做的错误记录展示给学生，主要是学生作文中出现的共性问题，内容包括读者意识、语篇结构、语法错误、词汇错误、冗余现象等，由师生共同对具有代表性的问题进行分析，并作修改。同时，反馈的内容还包括学生写作的优美词句或可参阅的范文。其次，学生思考老师所给的反馈，自我修改和打磨，然后是同伴间的再修改。再次，看看老师的建议，听听同伴的意见，并参考所给的美句及美文后，学生开始再修改自己的作文。最后是学生提问题和老师个别当面指导的环节。

（4）讲评的原则

① 尊重学生。老师的讲评不能仅盯着学生的错误。除了有对错误的分析和纠正外，还要有学生的优美词句，甚至是范文。错误之处不针对个人，而亮点则是点名到人。这样，让学生获得的不仅是欣赏，更多的是肯定、鼓励和信心。

② 积极自评。学生不能拿到作文本后直接让同伴来修改，要有自己的对错误处及老师建议的思考和认识。

③ 相互信任。同伴要彼此尊重，相互信任，有责任意识，同伴间的建议要真诚，只有这样互评才能落到实处，有一定的实效。

1. 疫情间线上学生作文讲评

2020 年的春天，由于突发疫情，学生不能正常返校上课，实验班所在的学校所有课程改在线上上课。为保证"停课不停学"，"质量一个样"，研究者利用腾讯会议上课，QQ24 小时在线，随时为学生答疑解难，耐心指导。但由于学生从寒假开始就一直在家，学生间没有直面交流，获取同伴间帮助的机会少，部分学生表现浮躁，作业马虎，如英语作业中的低级错误多了，再写不够认真。

对家长发来的 PDF 作文，研究者总第一时间给予反馈，并用 Word 给学生发回作文的评析。下面是实验班的一篇线上作文的反馈记录。

疫情间线上作文反馈案例（表 3 - 12）

假定你是李华，在英国参加夏令营，所在地有多国中学生夏令营队。当地计划为你们举行联谊晚会。请写一封邮件报名参加，内容包括：

1. 写信的目的；

2. 你们的节目；

3. 合理建议。

注意:

1. 词数 100 左右;

2. 可以适当增加细节,以使行文连贯。

表 3-12 教师反馈表

学生	教师反馈
S 1	1. I have a suggestion that... 要用虚拟语气;2. 可稍加细节。其他方面较好20 分
S 2	1. a passive play? 2. 字母间距可稍小点。语言、内容、结构等较好。 22 分
S 3	1. wish you love it. 应用 hope. 2. 注意句间、段间的连贯;3. 书写是当务之急呀! 19 分
S 4	1. 当心不该出现的错误,如 will on Friday,少了 be;2. 适当拓展话题。语言等其他方面较好。 20 分
S 5	1. 要有明确的建议;2. 注意动词的使用。语法和卷面有明显进步。 19 分
S 6	1. 第二段前两个词的词义是什么? 2. take part actively to build? 3. 最后一段第一句删去;4. 注意 wish you reply 的语法。 18 分
S 7	1. 不要涂改;2. looking forward to your... 拼写;语言等较好。20 分
S 8	1. 第一段的最后应是 with 吧;2. your positive reply. Why is " positive" used? 注意可自纠的错误。20 分
S 9	1. There is going to hold a party... 把 hold 改成 be;2. 删去 that's all,注意文体语言风格。其他方面还好。 20 分
S 10	1. join it,还是 join in it? 2. 要有明确的建议;3. 结语太简单。卷面很好! 19 分
S 11	1. 充实内容,特别是要点二;2. 不要把简单意思复杂化;3. 书写仍有提升空间。 19 分
S 12	1. 注意不该出现的错误,如 every nations;2. 控制好字间距;3. 充实内容。18 分
S 13	1. appreciate you 应为 be grateful to you;2. 注意形容词和副词用法。语言等方面较好。 20 分
S 14	1. 一行内的字数不宜太多,12 词左右;2. 优化版面;3. 信结尾的 Yours 还是要的好。其他方面较好。 20 分
S 15	1. 注意低级错误,a international party;2. suggest that ... 要用虚拟语气;3. 不可使用 looking for reply! 19 分
S 16	1. we prepared... 可以用现在完成时;2. 建议部分的内容少;3. 努力拓展话题。 18 分

（续表）

学生	教师反馈
S 17	1. 文中名词的数；2. 注意语言的简练，不要简单意义复杂化；3. 书写和卷面仍有提升空间。　18 分
S 18	1. our country's song, this will enhance... 及与下句间的连接。内容少，这是硬伤呀！　18 分
S 19	1. 注意冠词的使用，如 deep impression；2. it let more people 主谓一致；3. 要有明确的建议。　17 分
S 20	1. therefore 的使用；2. 注意低级错误 every students；3. 要有明确的建议。　18 分
S 21	1. 话题拓展好，涵盖要点；2. 语言、结构及要点把握较好，不过书写仍有提升空间。　21 分
S 22	1. our group is so interested... 谓语的数；2. advise you to found a ...　注意动词形式；3. 注意大小写；4. 书写和卷面仍有提升空间。　18 分
S 23	1. advise you can allow ... 应用虚拟；2. 内容较充实，语言较好，书写仍有提升空间。　21 分
S 24	1. I am writing to sincerely to join in... 中的 to；2. 要点二的内容不足。　18 分
S 25	1. 要有明确的建议；2. 用 party 合适些，其他方面较好。　19 分
S 26	1. 语法等有进步，但没有拓展话题，内容不足；2. 书面也是硬伤呀！　14 分
S 27	1. 注意英语中没有《》书名号；2. 关注所用动词的词义，其他方面较好。20 分
S 28	1. sign up the gala, 少了 for；2. progress 不可数；3. a admission 注意不出现低级错误。提升卷面。　18 分
S 29	1. sign up this activity... 少 for；2. 话题拓展不足，要充实内容。　18 分
S 30	1. sigh up it ... 少 for；2. 结语太过简单；3. 关注话题的拓展。　18 分
S 31	1. our connect ways, connect 词性是？2. I'm appreciated that... 应为 I'd appreciate it if.... 　3. 关注语篇连贯。18 分
S 32	1. 首段中写信的目的；2. 要有明确的活动内容和建议部分。　18 分
S 33	1. I suggest you can employ ... 用虚拟语气；其他方面较好。　21 分
S 34	1 .... to learn that what the party will prepare for 多了连词；2. 关注卷面的整洁。　19 分

学生	教师反馈
S 35	1. 应是 join in it；2. have thougt about this party's things 拼写和所有格的错误；3. I crazy about ... 注意 crazy 的用法。　19 分
S 36	1. a unite party... 删去 unite；2. 要有结语；3. 关注话题的拓展和词汇的积累。18 分
S 37	1. our summer camp that we... 应用 summer camp, so that... 2. 卷面有提升；3. 关注动词使用。　19 分
S 38	1. 结构清晰，语言得体流畅，卷面较好；2. 努力尝试用高级词汇会更好。22 分
S 39	1. 文中名词的数，不出现低级错误；2. 要有明确的建议；3. 注意语块的积累。17 分
S 40	1. very 不能修饰谓语动词；2. join in ＋ 宾语；3. connect us each other 无此结构；4. 书写仍有提升空间。　18 分
S 41	1. I'd appreciate if you give us ... 句式中的 it；2. 语言得体流畅，书写卷面好。20 分。
S 42	1. 代表一个团队；2. If the party hold too late, 句中的语态和谓语动词的数；3. 要充实内容。　17 分
S 43	1. 段开头空格太长；2. this letter is I want 少 what；3. join the party？　4. 要提升书写和卷面。　17 分
S 44	1. decline a Chinese peom？2. instrument 是可数的；3 书写有进步。　18 分
S 45	1. 在第二段最后加例证会更好；2. 结构、内容、语言等较好。注意词间距。21 分
S 46	1. We'd appreciate it if the party hold... 注意从句谓语，且此建议不合适；2. 关注语篇连贯。　18 分
S 47	1. 语言、内容、卷面等较好；2. 可稍加细节；3. 可丰富句式。22 分
S 48	1. 要代表一个团队；2. by this chance 应为 through the activity；3. broaden one's horizons；4. 要增加细节。　17 分
S 49	1. 结构、内容、语言等有明显进步；2. 注意卷面，可稍加细节。21 分
S 50	1. 结构、语言较流畅，语篇连贯较好，书写规范和卷面整洁；2. 能尝试用高级词汇会更好。　22 分
S 51	1. which displaying... 谓语的形式？2. the other is one girl will perform... 少了 who；3. we will be appreciate as we... 语法，且与后句重复。　18 分

（续表）

学生	教师反馈
S 52	1. sign up the party 少了 for；2. 注意低级错误，如 in other country；This is what my thought...；3. 控制字间距。　19 分
S 53	1. I know that the party will prepare for 从属连词有误；2. 注意动词使用；3. 关注卷面的整洁。　19 分
S 54	1. 要有明确的建议；2. 注意动词的准确意义，如 appreciate；3. 用 party 合适些，其他方面较好。　19 分
S 55	1. sign up this activity... 报名参加应用 sign up for；2. 话题拓展不足，要充实内容。　18 分
S 56	1. 注意要点；2. 补充细节，特别是要点二；3. 不要把简单意思复杂化；4. 书写仍有提升空间。　19 分
S 57	1. I suggest you to employ ... 注意 suggest 的用法；2. 书写、内容等方面较好。　21 分
S 58	1. 结构清晰，语言得体流畅，卷面较好；2. 努力尝试多变句式和用高级词汇会更好。22 分

由于大部分学生的作文已在线上"面批"，所以，研究者仅把班级作文中较典型的错误及两篇范文发到群里，供学生思考和欣赏。第二天上课时，线上检查一下。

The following should be corrected or polished：

1. I'd like to sign up the activity.

（"sign up" or "sing up for"？）

2. take part in the party

（throw/ give a party，go/ come to a party，attend a party）

3. I suggest that you can pick me up by car.

（What form of the verb in the above clause can we use？）

4. I'm appreciated if you receive my suggestions.

（Turn to the dictionary to find the uses of "appreciate"）

5. Please host it in a large place which is safe.

（Are you worried about your safety there？）

6. You'd better offer some delicious food.

（Do you think such a suggestion is suitable？）

Model composition：

Dear Mr/Ms，

We really appreciate your kindness to host such a nice party. Thank you very much! I'm writing to tell you we're glad to accept your invitation.

We have two programs，a group of five boys singing a Chinese song and three girls performing a Chinese dance. The Chinese song is about how teenagers are strict with themselves and make every effort to achieve their dreams，while the dance is about how Chinese minority girls looking for a better life.

By the way，we'd appreciate it if the party could take place next Thursday，when we have no other activities.

Thanks again for your thoughtfulness.

Yours，
Li Hua

学生习作

Dear Mr.Li:

I'm more than delighted to know that a party aiming at strengthening the friendship between the camps around the world will be held and I'm writing to sign up for it.

My friends and I prepare a traditional Chinese play Leyu which is mainly tells the love story of a couple in two class. It's definitely a passive play but it's well-known all over the world for it's good characteristic and excellent content. Not only will the play help others know more about Chinese culture but cultivate their interests in it. In addition, I suppose the party should welcome every camper to show up on stage, which will add color and fun to the party. Moreover, in order to fuel their enthusiasm and encourage them, you'd better set some prizes for them.

Hopefully I want to be given the opportunity to show up and I sincerely hope the party can be well held.

Yours,
Li Hua.

2. 联考线上阅卷的作文讲评

作文讲评课案例

A letter of inquiring about school accommodation

假如你是李华，即将作为交换生去英国一所学校学习一个月，你想提前了解对方学校的住宿情况，请写封邮件询问相关信息。主要内容：

1. 写信目的；

2. 想了解的信息；

3. 提出请求。

注意：

1. 词数 100 左右；

2. 可以适当增加细节，以使行文连贯。

这是学生在高一下学期的一次多校联考的作文题，学生的作文是独立完成的，所写话题也不是刚学过的教材内容。由于阅卷平台不是科大讯飞的智学网，所以研究者没有获取除学生作文的 PDF 外的其他信息。在集体阅卷后，为了获取实验班学生作文的更多信息，研究者又重新批阅了作文，并对作文进行了讲评。

Teaching objectives：

By the end of this period, the students are able to：

1. grasp some chunks about the topic and in a letter of inquiry；

2. understand some mistakes and correct them；

3. polish the letter and rewrite it.

Teaching point：To improve the quality of the letter of inquiry.

Teaching procedures：

Step One Activate and share

Answer the questions：

1. What dormitory conditions do you like?

2. Why do you need such conditions?

Design intent：to activate what the students have learned about the school dormitory, which provides the chunks about the topic for them.

Students in groups gave the following chunks：

roommates who are friendly/ who speak English；

the air conditioner, the air-conditioning room;

There is a network.

surf /go on/connect to/access the Internet; have access to the Internet;

a bathroom, hot water;

do exercise, workout, like running / jogging

a washing room/ machine

...

Step Two Talk about the writing topic

Group work: Answer the following questions

1. What's the layout of the letter?

1) Beginning — who, your writing purpose

2) Development — what information, why

3) Conclusion — your expectations

Design intent: to help the students have a clear layout of the letter of inquiry.

2. Can you give some useful words and expressions about the topic?

The following are what the groups gave and the teacher's supplements.

1) an exchange student

2) ask sb for sth; ask sb about sth

3) enquire/inquire about sth

4) learn from each other

5) improve the cross-cultural awareness; broaden one's horizons

6) I'd like to know...

7) be eager for/ to do sth

8) be equipped with...

9) prefer... to..., be fond of/ be into working out/ exercising

10) share ... with local students

11) meet/ satisfy/ fulfil a requirement, agree to one's request

12) be convenient for me to do...

13) A bathroom is what I hope for.

14) how relaxed I am after having...

15) Could / Would you please...

16) Your earliest reply will be appreciated.

...

3. What linking words can you use?

1) to beginning with, in the beginning, first of all...

2) besides, what's more, in addition, moreover; particularly, however; there is no doubt...

3) in sum, in summary, to sum up; at last, last but not least; therefore, thus; in brief, in short, in conclusion, in a word...

Step Three Correct

Read the following and think about where the mistakes are and how to correct them.

1. I will live in your school for one month.

S1：Maybe we should use "stay" but not "live", because the time is short.

T：Yes, some students are confused about this. "Live" means "having your home in a particular place" while "stay" means "continuing to be in a particular place for a period of time".

2. I want to know what you can offer me with.

S1：We use "offer sb sth" or "offer sth to sb".

S2：We can also use "provide sb with sth".

T：You are right. The sentence should be "I want to know what you can provide me with."

But in my opinion, here we can say, "Could you tell me about your dormitory?" Or "Could you say something about your dormitory?" This shows your politeness.

3. Your dormitory should equip a network.

S1：We use "equip sth with sth else".

S2：We can say "Your dormitory should be equipped with a network."

T：You are right. We use "equip A with B" structure, but here, is the word "should" suitable?

S3：It is not good.

T：Do you think it's better for us to say "Shall I have access to a network?"

Ss：Yes!

4. I wish you can reach my standard.

S1：It is not good to say so.

S2：Here, after "wish", we should use "虚拟语气" (subjunctive mood).

T: Well done! In the above sentences, we see some grammar mistakes, which means we have to correct them.

Then read the following sentences:

1. How are things going?

2. That's all. Thank you.

T: Have you Found mistakes in the sentences?

S1: No. But the sentences seem to be not good in such a letter.

T: Yes, this is a letter of inquiry. The reader is not your friends, so you'd better not use "How are things going?"

"That's all. Thank you." is usually used in a speech. So when we write, we should consider who the reader is and what the genre（体裁，风格）of the passage is.

Let's read the following sentences.

1. I need a room near the gym.

S1: Maybe the requirement is high.

2. Do I have a room with a kitchen?

S1: Why does the writer ask such a question? Does he have time to cook?

3. I'm shy, so I need a single room. I'm afraid of interruption.

S1: Is the reason reasonable? How can we learn to be cooperative?

4. Is there a cleaner to serve us?

S1: Does it refer to a worker for cleaning a house?

S2: Here I mean "吸尘器", not a person.

Ss: Ha, ha!

5. I think you can satisfy my requirements.

S1: Why does the writer think so?

T: Good! When writing, we need to consider the reader's feelings, and who you are. We should give the reader enough respect. This is the awareness of readers.

Design intent: Through the discussion, the students understand the mistakes, and grasp the uses of some key words. Meanwhile, they've gained the knowledge about practical writing.

Step Four Enjoy the composition

书面表达（25分）

Dear Sir/Madam,

  I am Li Hua, a 17-year-old boy aiming to attend a one-month course as an exchange student in London. I would like to know something about the living condition.

  Initially, I am curious about whether you will offer me a dormitory or a host family. Considering of the oral English, I believe a host family would be better, in which we can communicate in English on a daily basis. When it comes to the meal, I am wondering it is half board or full board that you will provide. To be honest, I am eager to eat some authentic British dishes such as fish and chips.

  Providing that you can't meet my requirements, please write back to me about the living conditions you can provide.

Yours,
Li Hua

请在各题目的答题区域内作答，超出矩形边框限定区域的答案无效

T：What have you learned from the passage? What are the attractions?

S1：The handwriting is so beautiful!

S2：The structure is clear.

S3：The writer used，"I would like to...", "I am curious about...", "I am wondering..."

S4："When it comes to...", "Providing that... " It is so "高级"（advanced）.

T：There is a clear purpose in the first paragraph. And when he or she wants to inquire about something，the reader can feel the writer's politeness；what's more，some linking adverbs and rich sentence patterns are used，which makes the passage fluent and coherent（连贯）.

Step Five Polish the letter

Based on what they have learned in class，it is time for the students to polish their letters. First，they do individual work，correcting mistakes，and then they do pair work，polishing their passages，following the suggestions given by the teacher and the partner.

Homework：

Rewrite the letter of inquiry.

3. 基于平台信息的作文讲评

实验班所在年级统考用的是智学网阅卷平台，以下是高二上学期期末实验班参加的多校联考，英语作文题是：

学校网站正在征集关于学生身边先进人物事迹的英语短文，请你写一位你最敬佩的人。

内容要点：

1. 敬佩的人物简介；

2. 敬佩的原因。

注意：

1. 词数 100 左右；

2. 可以适当增加细节，以使行文连贯。

线上阅完试卷后，年级的每位老师都会拿到一份关于学生完成整个试卷的数据分析。下面是智学网平台提供的有关实验班级学生作文的数据分析。

高二上学期联考英语作文分析

班级：10 班　考试创建时间：2020－01－16

一、成绩分档

1. 分档情况详情表

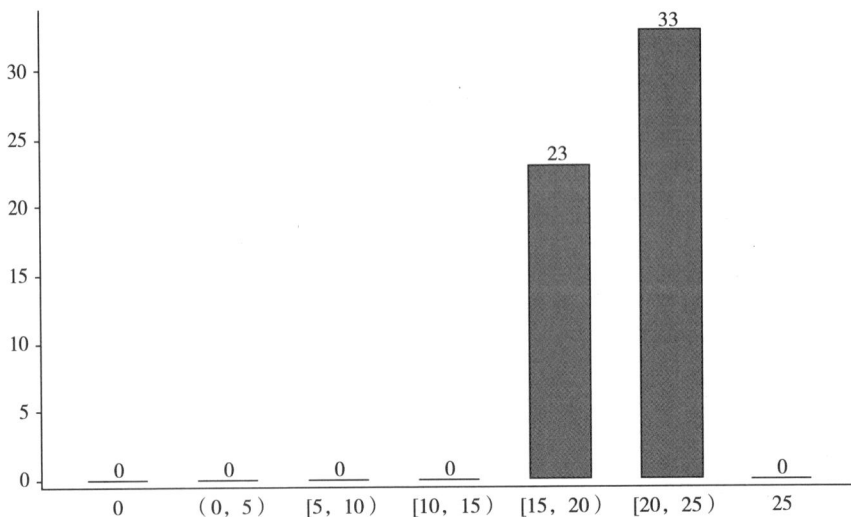

2. 班级整体情况

类目	最高分	最低分	平均分	满分率	优秀率	低分率	及格率
统计量	22.0分	15.0分	19.8分	0.0%	58.9%	0.0%	100.0%

二、错误分析

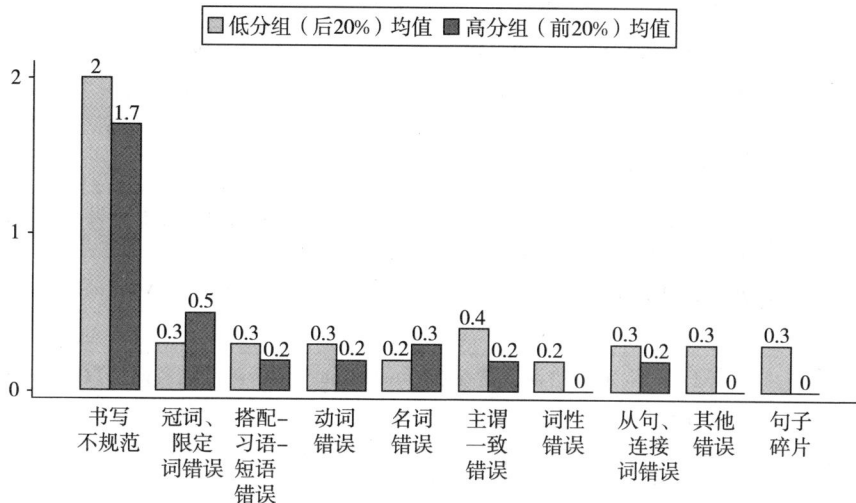

班级高频错误统计表

错误类型	错误样例
书写不规范	1. ［书写不规范］请检查 artermisinin，单词书写不规范。（3 次） 例句 1：Eventually, they came across the artermisinin because of their progress. （代＊琪） 例句 2：She discovered the artermisinin, which saved millions of people with the help of her team, so that she became the first Chinese female scientist to be awarded a Nobel Prize for her work. （代＊琪） 2. ［书写不规范］请检查 artemisin，单词书写不规范。（3 次） 例句 1：Even though Tu You you could only develop the artemisin with limited resources and a few staff, she led her team to get over any difficulty and, eventually, she succeeded in developing the artemisin. （李＊奇） 例句 2：As the first female scientist who won the Nobel Prize in China, Tu You you make a great contribution to the development of the artemisin, which protects millions of preople from malaria. （李＊奇）

错误类型	错误样例
书写不规范	3.［书写不规范］请检查 famale，单词书写不规范。（3 次） 例句 1：I held that she is not only a successful famale, but also a wonderful leader. （王＊东） 例句 2：As we know, Tu Yoyo is the first Chinese famale to be awarded the Nobel Prize. （李＊愚） 4.［书写不规范］请检查 hungre，单词书写不规范。（2 次） 例句 1：Now, people in China don't have to worry about hungre. （吴＊瑞） 例句 2：In the past, a lot of people were suffering from hungre around the world. （代＊琪）
冠词、限定词错误	1.［冠词、限定词错误］请检查 a awarded，不定冠词 a 使用有误，建议改成 an。元音发音开头的词前应用 an。（1 次） 例句 1：Because of his high level, he was a awarded the MVP two years ago. （徐＊翔） 2.［冠词、限定词错误］请检查 educational career，可数名词单数一般要加冠词或用复数。（1 次） 例句 1：Most importantly, he devoted his life to educational career without any regret. （胡＊） 3.［冠词、限定词错误］请检查 an common，不定冠词 an 使用有误，建议改成 a。辅音发音开头的词前应用 a。（1 次） 例句 1：Such an common but greatly achieveable person she is. （刘＊鑫） 4.［冠词、限定词错误］请检查 a people，确认限定词是否使用正确，this/that/a/an/every/each 通常接名词单数。（1 次） 例句 1：I think my uncle is a people that I admire. （许＊量）
搭配—习语—短语错误	1.［搭配－习语－短语错误］请检查 worth to admire，固定短语为 worth doing。（2 次） 例句 1：All in all, he is not only a leader, but a hero who is well worth to admire. （谢＊静） 例句 2：Such is Mao Zedong, the person who is worth to admire in China most. （葛＊进） 2.［搭配－习语－短语错误］请检查 like, inspired most of，通常用 like...best。（1 次） 例句 1：His spirit of keeping doing the things we like inspired most of us. （李＊航）

（续表）

错误类型	错误样例
搭配－ 习语－ 短语错误	3. ［搭配－习语－短语错误］请检查 he devoted to，注意 devote 的用法，通常为 be devoted to... 或 devote oneself to...（1 次） 例句 1：After that, he devoted to charity activities and donated all his money. （杨＊）
	4. ［搭配－习语－短语错误］请检查 Faced to，通常用 faced with sth。（1 次） 例句 1：Faced to difficulties, we are supposed to have a strong will. （刘＊）
动词错误	1. ［动词错误］请检查 helped curing，help 搭配错误，建议将后面的动词改成原形。通常用 help (to) do 或者 can't help doing。（1 次） 例句 1：What's more, she also helped curing many patients, including a man who couldn't even stand without her help after an accident. （蔡＊君）
	2. ［动词错误］请检查 country was ost he was ...，英语简单句只能有一个谓语，若要包含多个动词需要使用非谓语形式或添加连词。（1 次） 例句 1：Unfortunately, his country was ost he was ashamed at that time. （胡＊馨）
	3. ［动词错误］请检查 Turn for is my，句子结构不规范，谓语动词不能做主语，名词或代词可以做主语。（1 次） 例句 1：All in all, Turn for is my most admirable person who benefits me a lot. （赵＊文）
	4. ［动词错误］请检查 people had no right were ...，多个动词连用需要使用非谓语形式或添加连词。（1 次） 例句 1：In that time, the black people had no right were limited in many things. （程＊希）
名词错误	1. ［名词错误］请检查 with heart，表达不规范，建议用复数或修改表达。（3 次） 例句 1：She serves the people with heart and soul. （陈＊华） 例句 2：... encourage other scientists in China, and she always serves the people with heart and soul. （李＊晔）
	2. ［名词错误］请检查 one of the greatest writer，one of 通常接名词复数。（1 次） 例句 1：Faithfully, the people who is admirest, in my view, is Lu Xun, one of the greatest writer in the last century in China. （龙＊馨）

（续表）

错误类型	错误样例
名词错误	3. ［名词错误］请检查 through literatures，表达不规范，不可数名词一般不用复数。建议改成单数。（1 次） 例句 1：Despite the limited resourses and the lack of stuff, she made every endeavour to look through literatures and do expierements not just or animals, but on herself, day and night. （何＊杰）
	4. ［名词错误］请检查 of note，在英语里，可数名词单数不单独使用，一般要用复数或加冠词。（1 次） 例句 1：My father is also careful of everything he became a doctor, he has never lost any paper of note, which are writen the diseases and madicine on. （刘＊来）
主谓一致错误	1. ［主谓一致错误］请检查 he always train，主谓不一致或单词有误，建议改成动词第三人称单数形式或修改单词。主谓一致有三个原则：1. 形式一致原则，2. 意义一致原则，3. 就近原则。（1 次） 例句 1：Every day, he always train basketball skills as the first person at 4 o'clock. （王＊东）
	2. ［主谓一致错误］请检查，Yuan become older，确认主谓是否一致，单数主语一般接第三人称单数动词。主谓一致有三个原则：形式一致，意义一致，就近原则。（1 次） 例句 1：With less and less individuals suffering from staring, Yuan become older and older, but his legends are forever. （汪＊）
	3. ［主谓一致错误］请检查 She try her，确认主谓是否一致，单数主语一般接第三人称单数动词。主谓一致有三个原则：形式一致，意义一致，就近原则。（1 次） 例句 1：She try her best to encourage other Chinese scientists to never give up. （陈＊丽）
	4. ［主谓一致错误］请检查 He always do，主谓不一致或单词有误，建议改成动词第三人称单数形式或修改单词。主谓一致有三个原则：1. 形式一致原则，2. 意义一致原则，3. 就近原则。（1 次） 例句 1：He always do volunteer work to help others and make contributions to the city. （徐＊翔）

（续表）

错误类型	错误样例
词性错误	1.［词性错误］请检查 my admirable，表达不通顺，建议用名词形式或修改表达。物主代词后面通常接名词。（2 次） 例句 1：That's why she is my admirable.（杨 * 甜） 例句 2：So he is my admirable.（孙 * 皓） 2.［词性错误］请检查 can fact the，这里建议用动词或修改单词。（1 次） 例句 1：He is admirable because he can fact the difficults directly.（杨 *） 3.［词性错误］请检查 any difficulty and Eventually，并列连接词前后的词性应保持一致。（1 次） 例句 1：Even though Tu You you could only develop the artemisin with limited resources and a few staff, she led her team to get over any difficulty and, eventually, she succeed in developing the artemisin.（李 * 奇） 4.［词性错误］请检查 a short later，表达不规范，建议修改单词或修改表达。限定词一般跟名词搭配。（1 次） 例句 1：But a short later, he realised the threat to China from many reasons, so he decided to change his career and became a thinker and reformer.（刘 * 馨）
从句、连接词错误	1.［从句、连接词错误］请检查 He is steadfast, he …，双谓语，英语简单句只能有一个谓语，多个动词需用非谓语动词，若要包含多个谓语需要使用连词变成复合句。（1 次） 例句 1：He is steadfast, he usually stays in the hospital to look after the patient, although he is very tired.（徐 *） 2.［从句、连接词错误］请检查 doubt that To，表达不通顺，建议修改句式或表达。（1 次） 例句 1：It's no doubt that To YouYou is an admirable person, and we all ought to learn from her.（陈 * 晔） 3.［从句、连接词错误］请检查 He devotes himself to the …，英语句子不能用逗号连接，需要使用连接词变成复合句或用句号断开。（1 次） 例句 1：He devotes himself to the environment of our school, it's the reason why I admire him.（李 * 馨） 4.［从句、连接词错误］请检查 When it comes to the …，英语句子不能用逗号连接，需要使用连接词变成复合句或用句号断开。（1 次） 例句 1：When it comes to the topic, the name of Professor Yuan Longping springs to my mind, Professor Yuan is a legendary person who deserves all my admiration.（汪 *）

（续表）

错误类型	错误样例
其他错误	1.［其他错误］请检查 With the film being on，建议删除介词。（1 次） 例句 1：With the film being on in theatres, Reeve started to be noticed and became popular.（杨＊琳） 2.［其他错误］请检查 can't understand something，否定句中通常用 anything 代替 something。（1 次） 例句 1：She is also patient with everyone if we can't understand something.（黄＊民） 3.［其他错误］请检查 team's members，表达不符合英语习惯，建议修改。（1 次） 例句 1：However, she and the team's members didn't give up.（代＊琪） 4.［其他错误］请检查 from the hospital to call，表达有问题，一般 from... to... 是介词短语，表示从……到……，to 是介词，后接名词。（1 次） 例句 1：Once, she received a message from the hospital to call her return to the hospital to cure the new patient at 3：00 am.（王＊东）
句子碎片	1.［句子碎片］请检查 Among them, I most ...，句子不完整，逗号有误。（1 次） 例句 1：Among them, I most admire Tu You, you.（李＊奇） 2.［句子碎片］请检查 didn't many useful，否定表达不规范，don't 通常搭配动词原形。（1 次） 例句 1：He didn't many useful things to the world.（刘＊桐） 3.［句子碎片］请检查 put she in heart，谓语不规范，可能缺少谓语动词。（1 次） 例句 1：Although he was far away from motherland, he still remembered she and put she in heart deeply.（高＊晗） 4.［句子碎片］请检查 Long live the people，主语形式有误，一般用名词或代词作主语，形容词不能作主语。（1 次） 例句 1：Long live the people.（司＊）

三、分数详情（此处略）

四、高低分范文示例

1. 高分范文（胡＊ 22 分）

As the saying goes, it's someone you admire that is like a bright star, which leads you to success. To me, the one is my English teacher, our friend.

As an outstanding teacher in the NO. 1 Senior High School, he has special methods of teaching, making his classes interesting. So when having English classes, I always feel energetic and relaxed. Meanwhile, he is friendly. If I answer the question nervously, he is sure to give me a big smile to encourage me to be brave and confident. Most importantly, he has devoted his life to teaching for more than 30 years. I think, all his students are grateful to him for what he has done.

From my perspective, a good teacher has an influence on his students' whole life. Therefore, I will follow his example.

2. 低分范文（程 ＊ 15 分）

I admire Zhong Nanshan, a doctor, in Guangzhou, for the following reasons. To begin with, Zhong is brave. At the start of the Covid-19 spread in February 2020, Zhong went to Wuhan to fight for it without worrying about his safety or his family, but thinking about our safety. Moreover, Zhong is calm and intelligent. After learning about this dangerous disease, he immediately handed out a range of policy for defending people from the disease to our country, including wear masks, don't go out and so on. Besides, Zhong has the spirit of loving country.

I admire Zhong Nanshan.

根据平台给的"班级高频错误统计表"，对学生作文存在的问题进行了分析。

（1）部分学生的书写仍需提高。尽管软件对学生的书写识别还不能达到精确，但班内确有 6～8 位学生的书写未达到要求。其中的两三位学生对书写失去了信心，因为他们认为，自己摩字帖付出的时间够多了，但效果不佳，尤其是在考场上的"限时"状态，写出的字母更不像样了。书写关乎能否准确地传达信息，潦草的书写会引起一系列的错解。

（2）可能是受汉语的影响，学生有时会忘记"可数名词不可单独使用"的要求，没有处理名词的单复数及可数和不可数等，有时搞不清所用名词是不是可数的。

（3）有些学生想用所谓的"高级词汇"，但由于对新词汇的用法掌握不牢而出现搭配等方面的错误。

（4）尽管学生已学非谓语动词，但仍会出现用动词原形做主语等错误。由于对动词的及物还是不及物掌握不牢，在使用 v-ing，v-ed 和 to do 方面仍时有错误。

（5）主谓一致方面的错误主要是，学生在写作时常忘记"在使用一般现在时中，主语是第三人称单数，谓语动词需用单数"的规则，个别学生对主谓一致的三原则，即形式一致、意义一致和就近原则，把握不牢。

（6）词性错误是学生作文中常见的错误。主要是部分学生没有完全搞清所用词的词性和词义，尤其是同根的动词和名词、形容词和副词等。

（7）从句及连接词错误主要是，学生没有正确使用并列或从属连词，有些是因为没正确书写标点符号或大小写而出现"run-on sentences"（流水句），这也是出现"句子碎片化"的一个原因。

（8）当然，学生在使用介词、名数所有格、数词等也会出现错误。

尽管智学网是中学常用的网上阅卷平台，每次大型考试后其后台会有一大批的专业人员来做软件不能做的分析，各项服务得到了师生和家长的认可，但就有关学生作文错误的分析来看，由于软件识别学生的书写还有待提升，可能出现有些错误判断不准、建议针对性不强等问题。但其提供的数据分析报告在很大程度上反映了班级的整体情况。随着技术的进步，软件的功能会越来越强大，对错误的识别和分析会越来越精准。

研究者还是像往常一样，将学生的作文重新批阅，以获取更翔实的信息，并准备了一节作文讲评课。

Teaching objectives：

By the end of the period，the students are able to：

1. grasp the layout of describing a person；

2. consolidate some chunks about the qualities of a person；

3. cultivate the quality of learning from the admirable.

Teaching point：to improve the awareness of following an example.

Teaching procedures：

Step One Activate and share

In groups，answer the questions：

1. What qualities does an admirable person have?

2. Who is your admirable person? Why do you admire him or her?

Design intent：to help the students draw some information about admirable people from their mind. They have learned related units，Unit 13 People，and Unit 16 Stories.

The following are what some groups wrote on the blackboard and what the teacher supplied.

Some adjectives：confident，creative，friendly，devoted，dedicated，selfless， patient, intelligent, cooperative, pleasant, enthusiastic, diligent, hardworking, tolerant, honest/sincere, energetic, easy-going, flexible, optimistic...

Step Two Discuss

1. In groups, discuss the layout of the passage. Three students from different groups wrote their layouts. Then the teacher did the summary.

Introduction — Who

Development — Why (illustration)

Conclusion — Feelings or attitude

2. In groups, discuss what sentences you can use.

Some groups gave the following：

1) The person I admire/ respect most is ....

2) What moves/ touches me is that....

3) He is so/ such... that...

4) It is he/ she that...

5) Such is ..., an admirable teacher

....

Step Three Correct

In class, each student has a handout, in which there are some sentences to be corrected or polished, and beautiful sentences and compositions to be enjoyed.

They first do individual work, then they can do discussion with their partners. What the students correct in class are the sentences the teacher collected from their writings.

Grammatical and lexical mistakes

1. No only he devoted himself to the cause but also gave love to the country.

S1：The parts connected by "not only... but also" are not equal.（连接成分不相等）

S2：Yes, we should say, he not only devoted himself to... but also gave his love...

T：Yes, "not only... but also..." connects the equal parts in grammar function.

2. He has made contribution to the society.

S1：Before "society", we do not use "the".

T：Yes, here is another mistake, "make a contribution". Here "contribution" is a countable noun.

3. The people I admire is Newton.

S1：Here we should use "person", not "people".

T：We can not be confused about "people" and "person".

4. In his thirty-ninth, he became famous.

S1：Maybe, the writer wants to say "in his thirties".

S2：The writer might want to say "at the age of 39".

T：Well done!

5. He has the quality of brave and hardworking.

S1：He has the qualities...

S2：We should say the qualities of bravery and diligence.

S3：Can we say "the qualities of being brave and hardworking"?

T：Good question. Yes, we can say so. Here "of" is a preposition, so it is followed by a noun or gerund.

6. We thank her contributions to ...

S1：No, thank sb for sth. Not thank sth.

T：Good! That's the point. We try to grasp what a verb can be followed.

7. I admire him for generosity, for hard working.

S：It is clear that we should use "and" to connect "for" phrases.

T：Maybe it is an unconscious error.

8. He was worth being admired.

S1："Be worth doing sth" is right.

S2："Worth" should be followed by doing, not being done.

T：Right! Think about what other sentences we can use to show the same meaning.

S3：He is admirable.

S4：He is worthy of being admired.

T：Good. Both sentences are right, but the first one is simple and clear.

9. It is no doubt that he is my admirable person.

S1：It is no doubt whether he is my admirable person.

S2：No. There is no doubt that he is my ...

T：Good! It is a set sentence pattern "there is no doubt that..."

10. We don't have a happy life if we don't have him.

S：We can use "without him".

T：Such meaning can be expressed in the subjunctive mood. That is, we can say "We wouldn't have such a happy life without him, or but for him. "

11. I'll work harder and insist on doing it.

S1：I use "keep doing" .

S2：Maybe "keep on doing" is also right.

T："Insist on doing" is right in grammar. But here, it is better to use "keep or keep on doing" .

12. He led us to fight against the viruses.

S1："Lead sb to do sth" means "领导我们做某事"?

S2：It means "make sb do sth" .

T：Right. Here, we can say "direct sb to do sth" . That is, "He (Zhong Nanshan) directs us to fight the virus. "

13. He had no hesitation to support Wuhan.

T："Have no hesitation" is followed by "in doing sth" . So the sentence can be "He had no hesitation in supporting Wuhan. "

14. He saved a lot of sick people play against the disease.

S1：Here "play against" seems wrong.

S2：The form of "play" is not right.

T：Good! You are right. It should be "He has saved a lot of people, fighting the epidemics. "

15. His career is teacher.

S1：No article.

S2："Career" is not "a teacher" .

T：Yes, I know what you mean. We can say "His career is teaching. " or "He is a teacher. " Remember, the predicative（表语）is the description of the subject（表语是主语的说明）.

16. I would appreciate it for what he has done for our country.

T：If "appreciate" is followed by "if clause", we use "it", for example, I'd appreciate it if you could give me an early reply. But if "appreciate" is followed by "wh-clause", we can not use "it" .

Here we say "I'd appreciate what he has done for our country. "

Redundancy

1. Of all the humans, the man I admire the most is Lei Feng.

T：Is it necessary to say "of all the humans"? "The man I admire most is Li Feng. " is clear.

2. On the one hand, he is ordinary, on the other hand, he is extraordinary.

T: The sentence is not concise（简洁的）. We can say "Such is Zhong Nanshan, an ordinary doctor with great achievements."

3. They make the world different and remarkable contribution to mankind.

T: "Make the world different" has no specific meaning". So we just say "They have made remarkable contributions to the world."

Punctuation

1. Zhong Nanshan who is a famous doctor, is someone I admire for he saves many people's lives.

T: The antecedent（先行词）"Zhong Nanshan" is a proper noun, which can be followed by a non-restrictive attributive clause（非限制性定语从句）. Here is "for", a preposition or a coordinating conjunction（并列连词）? If it is a coordinating conjunction, there must be a common（逗号）before it. So we can polish it, "Zhong Nanshan, a famous doctor, is the person I admire, for he has saved many people's lives."

2. He wrote many popular songs, such as 《Beat it》.

S: No such 标点符号（punctuation）in English.

T: You are right. If we use the name of a book, we can write it in italics（斜体）.

Logical

1. Many people do surprising things and they are great men.

S: "Do surprising things" is great?

T: Maybe the writer wants to use "amazing" which means "very good". But even so, the meaning of the sentence is not specific.

2. He is responsible for his work but family.

S1: Does the writer admire such a man?

S2: The writer means, he does more for his work than for his family.

T: Yes. Maybe the writer means that he devotes more time to his work than to his family.

Useless

1. There is admirable potential in every human being.

2. I first knew him is when he appeared on TV.

T: What is the theme of your writing? Do you think such sentences support the theme? And it's Chinese-style English（汉式英语）.

Not specific

1. The people I admire are teachers.

T: I feel proud, for most of you admire your teachers. Thank you very much! But here based on the requirements, you'd better choose one teacher to describe.

2. Among all the human beings from the past to now, the people who I want to admire the most are the unknown workers.

T: It is unnecessary to stress "among all the human beings form the past to now", meanwhile, what are the unknown workers? Who are they? It is a real person that makes your writing full of real feelings. Now let's enjoy the following:

Attractions

1. Among the national heroes, Zhang Fuqing is the one I admire the most.

2. It is my English teacher who always inspires me to work hard.

3. All of us students are grateful to our maths teacher for what she has done for us.

4. It is his love for teaching that has motivated us to study harder.

...

Model compositions

学生优秀习作 1:

Among all the celebrities around the world, I think Zhong Nanshan, a doctor, is someone who I admire deeply. His admirable qualities have touched me very much.

When the pandemic broke out all of a sudden, Zhong Nanshan, who is a professional doctor, went to Wuhan in person at once. In spite of the fact that he had been in his eighties, we could still see his figure on the front line. In the city which was struck by COVID-19, he committed himself to tending patients from dawn to dusk. He was brave, strong-minded and kind. The work he has done is remarkable.

Due to his distinguished contribution, he is regarded as a real hero. I admire him for his devotion.

学生优秀习作 2:

The person I admire is Zhan Tianyou who is the father of China's railway.

At the age of 12, he went to the United States to begin his study. While studying abroad, he was engaged by large foreign companies that promised him large sums of money, but he had only China in his heart, so he decisively refused the temptation and resolutely returned to the motherland. He presided over the construction of the Beijing — Zhangjiakou Railway. Faced with numerous difficulties, he finally overcame them one by one.

Zhan Tianyou has a strong sense of patriotism and responsibility to the nation, and has made contributions to our motherland, which is why I admire him.

学生优秀习作 3:

From my perspective, the old man, a cleaner in our school, is the most admirable one.

The pleasant man plays an important role in keeping the whole campus clean and neat. That makes us, students, live in a beautiful place and study in a satisfying environment. He always starts working in the early morning and doesn't stop working until we have all gone home. Besides, I sometimes see him walk downstairs with a big plastic bag full of rubbish on his shoulders every day. It gives me a big shock contrasting to his skinny body. He does what he can to create a nice place for us.

Although he can't catch most of our attention, he is admirable.

Step Four Evaluate and rewrite

Based on what the students have discussed and summarized in class, then in groups, they first study the rubrics, and they do peer evaluation. The teacher walks around the classroom, monitoring the class and giving some help.

Peer Evaluation criteria　　Describing an admirable person　　Total score _____

Items	Evaluation Contents	Score
Structure & Contents	Introduction: brief introduction about the person (3 marks)	
	The reasons for your admiration: Describing his/her personality, character or devotion to... with examples (6 marks)	
	What have your learnt from him/ her? And how will you do? (4 marks)	
Language	Logic (2 marks)	
	Sentence structures (2 marks)	
	Vocabulary (4 marks)	
	Grammar (2 marks)	

（续表）

Items	Evaluation Contents	Score
Cohesion & Coherence	Linking words etc.（2 marks）	

Homework：

Rewrite the composition，or describe another person you admire or respect.

3.7　研究中后期强化的工作

基于学生在写作方面存在的问题，在中后期的研究中，课题组加强以下几个方面的工作。

3.7.1　强化书写要求

实验班中仍有几位学生由于缺乏严格的训练，出现握笔姿势不正确等问题，以至于害怕在给定的书写纸上写作文。认真研究他们的书写后，研究者发现，其中一些同学应该在以下方面得到训练：

（1）校正字母在四线格中的位置——不可太低或太高；

（2）避免错误的笔画方向（如 z、y、x）；

（3）字母要写得足够高（例如 t、d、b、h、k）；

（4）字母要写到第三格中（例如，g，j，y）；

（5）单词要写在一条线上；

（6）字母的连笔不可出错，最好不连笔；

（7）大写字母不可错用。

3.7.2　扩大语块积累

通过多种手段为学生创设使用语言的机会，不断丰富学生的话题词汇。

利用每周两次的早读，让学生跟读、朗读、背诵课文的部分优美段落及老师给他们精选的美文。

用好课前三分钟，让学生在班上作"Daily Report"；观看从 TED 上精选的演讲片段，演讲内容与教材单元主题基本一致。这不仅帮助学生巩固了所学内容，扩大了学生的词汇量，而且提升了学生写的能力和看的能力。

发挥学生记忆优势。高中生正处在记忆的黄金期，为了给他们背诵的时间，又能保证全班学生积极参与课堂教学活动，研究者常给学生两三分钟，让他们背诵课文的片段或是名言等。在阅读教学的"Activate and share"和写作课的"Brainstorming"中，学生有充裕的时间在记忆中搜寻话题的相关语块，老师加以总结和补充。

这些活动既活跃了课堂气氛，丰富了课堂活动，又促进了学生话题的词汇积累。

同时，在小组的互评中，学生用英语解析错误存在一定困难。为此，在课堂上，研究者帮助学生不断丰富和强化在写作评析中常用的语法术语，在一定程度上保障他们在讨论中更多地使用英语，提升他们使用英语的流畅度（参见附录3和附录4）。

3.7.3 更多鼓励和帮助

个别后进生担心写作，害怕写不好，怕因此不被信任。他们为了不"丢脸"，经常在小组讨论中保持沉默，很少表现出兴趣、动力和自信。而这些当然会影响到小组活动中交流的氛围，小组成员间的关系也会受到影响。因此，为了树立他们的自信心，唤醒他们对团队活动的兴趣，研究者经常和一些后进生座谈，了解他们的困难并及时采取相应的措施去解决问题。

首先，在课堂上，研究者给予后进生更多说英语的机会，对他们的"口误"并不直接"改正"，以保护他们的自尊心，增强其使用英语的自信心。在课外，研究者在语法知识等方面给他们及时辅导，如非谓语动词的使用、时态与语态等。在小组讨论中，研究者多参与相对弱的组活动，关注"后进生"，鼓励他们积极参与讨论和互评活动，对他们的点滴进步及时给予肯定和表扬。

3.7.4 重视作文重写

在写作训练中，研究者一直通过作文讲评课，让学生重视来自老师的反馈，但有些学生依然没有认真打磨，只是改一下语法错误，草草重写一遍而已，个别学生只是再抄一遍。

为了让学生重视反馈，提升作文的质量，研究者给学生留时间来思考老师的反馈，如果是考试的作文，在讲评课上，学生有时间自评和互评。

起初，学生对重写作业有点反感，认为每次作文都重写很费时间。但大多学生都认为再写自己的作文会学到更多。从自己的错误中学习，学生能对话题有较深入的思考，对所用语言有较深刻的认识，这样，他们会更加积极地参与到自主学习中。到高三时，考虑到学生的有限时间，又想鼓励优秀生，凡作文成绩达20分及以上就可以不重写。这样，需重写的学生就逐渐减少了。

害怕犯错误和害怕失败是阻碍语言学习的因素。Wood 强调：学生在我的课堂上看到，错误提供了极好的学习和提高写作能力的机会，而不被视为失败的象征。

3.7.5　强化小组建设

对写作训练来说，每个小组都保持着良好的成员关系十分重要，因为不友好的气氛会导致任何团体活动的失败。因此，研究者首先要求学生彼此尊重，尊重小组工作和其他人的感受，形成合作交流的氛围。这不仅是因为作者可以从同伴的真诚反馈中学到东西，同时读者也可以从与作者的互动中受益，以利于自己的写作。同伴反馈的目的是合作，而不是批评。为此，在写作小组的互动中，研究者绕着课堂来回巡视，鼓励学生参与小组讨论，为他们提供帮助，并监控整个班级的活动。

随着训练的不断推进，学生开始表现出对写作的兴趣，并在语法的准确性、句间的联系、材料组织的逻辑性等方面不断取得进步。同时，合作写作小组还为作者提供了一个非常重要的以读者为基础的写作视角。虽然由于各种因素的影响，在写作训练过程中也出现了一些意想不到的问题，如学生对小组工作的态度，对同伴能否提供合适反馈的担心，对自己能否成为一个评判性的作者或读者的自信心等，但课题组总是在推进中解决问题，以保证学生真正受益于合作写作小组。

3.7.6　用好高考作文

高考具有双向指导作用，即为国家选拔人才和指导英语教学。因此高考英语试题对英语教学具有指导作用。为此，研究者认真研究十几年来高考英语写作题，结合《课标》对书面表达的要求，重点分析近三年来的全国卷英语书面表达题，深刻领会和把握近年高考英语写作命题的趋势：多贴近考生熟悉的生活实践情境和学习探索情境，体现应用性、基础性和综合性相结合的特点，考查考生在实践探索中的操作运用能力、语言表达能力和创新思维能力，体现出交际素养和思辨素养。

课题组在平时教学中（尤其是在高三阶段的复习课中），努力深刻领会和践行高考写作命题的理念：一是，展现德智体美劳并举全面培养的方向，凸显"价值引领，素养导向"。和学生一起欣赏，并通过自己的劳动去创造美，如做好班级卫生、参加公益劳动，以志愿服务为荣，这样既提升了自身素质，又获得写作所需的生活体验。二是，弘扬体育精神。每年都会涉及引导学生关注体育运动，倡导健康意识。如 2020 年应用文写作主题更加全面地突出了五育并举、立德树人的方向，所以研究者要求学生要积极参与体育活动，人人有自己喜爱的项目。三是，弘扬中华优秀文化，增强文化自信。如 2018 年应用文写作话题，涉及中国传统做客习俗，引导学生思考和关注中西方文化差异和交流、弘扬中华优秀传统文化，增强文化自信。所以，在阅读和写作课上，师生会挖掘中华优秀传统文化的话题，如武术、书法、中国画、京剧、四大发明等，还包括中国近年来在科技等领域所取得的巨大成就，如高铁、支付宝、共享单车等，以及向先进人物学习的话题。四是，应用文体裁形式更加灵活多变，创新性强。如 2020 年的应用文写作体裁形式更加灵活多变，有书信体、作文投稿劳动纪实和新闻报道。所以，我们在写作训练中，把考试话题和平时练习结合起来，统筹考虑，突出文体的多样性，话题的丰富性，语境的真实性。

　　课题组围绕高考写作命题趋势，把教材话题的复习与高考作文紧密结合起来见表 3-13，做到重点话题的练习，如有关"五育并举"和"立德树人"方向的写作话题，以及同一话题不同体裁形式的训练，以优化作文课堂教学，丰富学生文体和语言风格。同时，以高考作文为例引导学生关注命题趋势，重视审题，学习布局谋篇，不断尝试使用高级词汇，增强语篇连贯能力。

表 3-13　十年高考作文与北师教材

年份		作文题目	题材	对应的北师教材
2011	Ⅰ	假定你是李华，正在一所英国学校学习暑期课程，遇到一些困难，希望得到学校辅导中心（Learning Center）的帮助。根据学校规定，你需书面预约，请按下列要点写一封信：1. 本人简介；2. 求助内容；3. 约定时间；4. 你的联系方式。	生活与学习	Unit 15 Learning；Unit 19 Language
	Ⅱ	假定你是李华，你所喜爱的 Global Mirror 周报创刊五周年之际征集读者意见。请你依据以下内容给主编写封信，内容主要包括：1. 说明你是该报的忠实读者；2. 赞赏该报优点：1）兼顾国内外新闻；2）介绍名人成功故事；3. 提出建议：刊登指导英语学习的文章。	学校生活	Unit 11 Media
2012	Ⅰ	假定你是李华。你班同学决定为小明举办生日聚会。请你写信邀请外教 Susan 参加，要点包括：1. 时间：周五晚8点至9点；2. 地点：学生俱乐部；3. 内容：生日歌、蛋糕、游戏等；4. 要求：备小礼物。	日常生活	Unit 3 Celebration

（续表）

年份		作文题目	题材	对应的北师教材
2012	II	假定你是李华，从互联网（the Internet）上得知一个国际中学生组织将在新加坡（Singapore）举办夏令营，欢迎各国学生参加。请写一封电子邮件申请参加，内容主要包括：1. 自我介绍（包括英语能力）；2. 参加意图（介绍中国、了解其他国家）；3. 希望获准。	个人愿望	Unit 14 Careers
2013	I	假定你是李华，请你给笔友 Peter 写封信，告诉他你叔叔李明将去他所在城市开会，带去他想要的那幅中国画，同时询问他是否可以接机。信中还需说明：李明：高个子，戴眼镜；航班号：CA985；到达：8 月 6 日上午 11：30。	社会实践	Unit 13 People
	II	假定你是李华，自制一些中国结（Chinese knot），给开网店的美国朋友 Tom 写封信，请他代卖，要点包括：1. 外观（尺寸、颜色、材料）；2. 象征意义；3. 价格。	传统文化	Unit 6 Design；Unit 10 Money
2014	I	假定你是李华，计划暑假间去英国学习英语，为期六周。下面的广告引起了你的注意，请给该校写封信，询问有关情况（箭头所指内容）。	语言学习	Unit 15 Learning；Unit 19 Language；Unit 11 Media
	II	一家英语报社向中学生征文，主题是"十年后的我"，请根据下列要求和你的想象完成短文：1. 家庭；2. 工作；3. 业余生活。	计划与愿望	Unit 1 Lifestyle
2015	I	假定你是李华，你校英文报"外国文化"栏目拟刊登美国节日风俗和中学生生活的短文。请给美国朋友 Peter 写信约稿，要点如下：1. 栏目介绍；2. 稿件内容；3. 稿件长度：约 400 词汇；4. 交稿日期：6 月 28 日前。	学校生活	Unit 3 Celebration
	II	假如你是李华，计划和同学去敬老院（nursing home）陪老人们过重阳节（the Double Ninth Festival）。请给外教 Lucy 写封邮件，邀她一同前往，内容包括：1. 出发及返回时间；2. 活动：包饺子、表演节目等。	传统文化	Unit 3 Celebration

（续表）

年份		作文题目	题材	对应的北师教材
2016	I	假定你是李华，暑假想去一家外贸公司兼职，已写好申请书和个人简历（resume）。给外教 Mr Jenkins 写信，请她帮你修改所附材料的文字和格式（format）。	社会实践	Unit 14 Careers
	II	假定你是李华，你校摄影俱乐部（photography club）将举办国际中学摄影展。请给你的英国朋友 Peter 写封信，请他提供作品。信的内容包括：1. 主题：环境保护；2. 展览时间；3. 投稿邮箱。	学校生活	Unit 23 Enviromental protection
	III	假定你是李华，与留学生朋友 Bob 约好一起去书店，因故不能赴约。请给他写封邮件，内容包括：1. 表示歉意；2. 说明原因；3. 另约时间。	日常生活	Unit 23 Conflict
2017	I	假定你是李华，正在教你的英国朋友 Leslie 学习汉语。请你写封邮件告知下次上课的计划。内容包括：1. 时间和地点；2. 内容：学习唐诗；3. 课前准备：简要了解唐朝的历史。	语言学习	Unit 15 Learning；Unit 19 Language
	II	假定你是李华，想邀请外教 Henry 一起参观中国剪纸（paper-cutting）艺术展。请给他写封邮件，内容包括：1. 展览时间、地点；2. 展览内容。	传统文化	Unit 6 Design
	III	假定你是李华，你所在的校乒乓球队正在招收新队员。请给你的留学生朋友 Eric 写封邮件邀请他参加，内容包括：1. 球队活动；2. 报名方式及截止日期。	体育活动	Unit 2 Heroes；Unit 16 Stories
2018	I	假定你是李华，你的新西兰朋友 Terry 将去中国朋友家做客，发邮件向你询问有关习俗。请你回复邮件，内容包括：1. 到达时间；2. 合适的礼物；3. 餐桌礼仪。	传统文化	Unit 3 Celebration；Unit 12 Cultural shock
	II	你受学生会委托为校宣传栏"英语天地"写一则通知，请大家观看一部英文短片 Growing Together，内容包括：1. 短片内容：学校的发展；2. 放映时间、地点；3. 欢迎对短片提出意见。	学校生活	Unit 3 Celebration
	III	假定你是李华，你的英国朋友 Peter 来信询问你校学生体育运动情况。请给他回信，内容包括：1. 学校的体育场馆；2. 主要的运动项目；3. 你喜欢的项目。	学校生活	Unit 2 Heroes

（续表）

年份		作文题目	题材	对应的北师教材
2019	I	假定你是李华，暑假在伦敦学习，得知当地美术馆要举办中国画展。请写一封信申请做志愿者，内容包括：1. 写信目的；2. 个人优势；3. 能做的事情。	社会与文化	Unit 1 Lifestyle
	II	假定你是校排球队队长李华，请写封邮件告知你的队友 Chris 球队近期将参加比赛，内容包括：1. 比赛信息；2. 赛前准备；3. 表达期待。	学校生活/文化	Unit 2 Heroes
	III	假定你是李华，你校将举办音乐节。请写封邮件邀请你的英国朋友 Allen 参加，内容包括：1. 时间；2. 活动安排；3. 欢迎他表演节目。	学校生活/学习	Unit 5 Rhythm；Unit 18 Beauty
2020	I	你校正在组织英语作文比赛，请以身边值得尊敬和爱戴的人为题，写一篇短文参赛，内容包括：1. 人物简介；2. 尊敬和爱戴的原因。	社会生活	Unit 13 People；Unit 16 Stories
	II	上周末，你和同学参加了一次采摘活动，为班级英语角写一篇短文，介绍这次活动，内容包括：1. 农场情况；2. 采摘过程；3. 个人感受。注意：1. 字数 100 字左右；2. 题目已为你写好 My weekend。	学校生活	Unit 3 Celebration；Unit 16 Stories
	III	假定你是李华，你和同学根据英语课文改编了一个短剧。给外教 Miss Evans 写封邮件，请她帮忙指导，内容包括：1. 剧情简介；2. 指导内容；3. 商定时间地点。注意：1. 词数 100 左右；2. 结束语已为你写好。	学校生活	Unit 18 Beauty
注意：		1. 词数 100 左右；2. 可以适当增加细节，以使行文连贯。		

3.8　师生变化

坚持三个学年后，笔者发现，在写作训练课和讲评课的教学实践中，教师和学生的角色都发生了变化。学生从以往的被动接受到主动完成，教师从评价的主体变为评价的引导者、辅助者。学生对写作的态度发生了变化，能认识到自己的责任和努力的方向，能关注写作过程，注重文章立意、谋篇布局和语言表达等，不断尝试用所学语言去表达思想。

3.8.1 学生进步

传统的写作课重点关注是写作的结果，它强调语法使用的准确性，学生习惯了独自完成，习惯了"写了作文就是给老师完成了任务"，对老师的反馈和评价无所谓。而"以读促写，合作写作和自评互评"的过程性写作模式下，学生有了"写好"的责任感，相信自己是完成任务的关键因素，想写好作文就必须用心做，在以下方面有了显著进步。

1. 有了读者意识

读者意识指作者在写作过程中设定读者对象，并在写作时考虑读者的需要而设法迎合这种需要的心理素质，这就是学生在写作过程中自觉把读者的定位、阅读需要、阅读期待等因素纳入自己写作思维活动之中的心理过程（陈玉松，杨海春，2020）。在同伴互评环节，学生会把同伴作为第一读者，为了赢得同伴的肯定，学生会自觉地认真审题、布局谋篇、遣词造句，力求短文语言的流畅。短文的语言是否得体就要考虑写给谁，读者有什么感受等。有了这种意识，学生就会在阅读中不断注重语言的积累，获得更多体验，从而在写作训练中不断丰富作文内涵，提高作文质量，以达到交际的目的。

2. 责任感增强

在写作过程中，个体的责任感通过小组讨论与合作得到激发。小组成员对其他成员负有责任，也关注自己贡献的价值和对其他成员的态度和行为。同时，责任感体现在自评过程中，他们会考虑自己在任务完成的过程中态度的养成和技能的提升。为了提高作文质量，学生积极主动地去学习写作的技巧和方法，以提升自己运用语言的能力。

在互评中，为了能真正帮到同伴，赢得同伴的满意，自己的短文改错能力有所提升，学生就会研究评价标准，与同伴共同探讨修改内容。同时，学生通过对比同伴的作文，分析出现的问题，这样会帮助他们形成完整的写作认识；他们的思维能力得到训练，写作策略得以提升。

3. 合作能力增强

为了使合作小组更加有效，小组成员不仅要培养语言技能，更要注重自身的社交技能，让别人信任自己，增进交流能力，分析问题和解决问题以及做出合理决定的能力。他们要学会如何以团体形式合作，如何互助，从而对自己和他人的学习负责。

同伴在协商与讨论中，培养了合作意识，锻炼了合作能力。对水平稍高的学生而言，在帮助水平低的学生的同时收获了成就感，而水平低的学生在向同伴学习的过程中，既提升了纠错等能力，又感受到了同学间的互助情意。

3.8.2　教师角色变化

在整个写作环节，教师充当组织者、观察者、资源提供者、激励者和创造者的身份。

1. 组织者

一旦写作小组形成后，教师和学生应努力使小组保持合作。当小组运行不畅时，组织者应避免小组破裂，即使小组成员要求终止，研究者也会帮助他们学会合作，学会相互包容体谅，共同克服困难。在小组讨论和反馈期间，甚至自评阶段，研究者依旧是组织者。

2. 观察者

在小组合作实施过程中，研究者一直在仔细观察整个合作进展是否顺利，观察学生的情绪变化，掌握每个学生参与小组活动的积极性，关注学生学习外在动力的内化，从而更好地激发学生使用英语的内驱力。

3. 资源提供者

在阅读的"激活和分享"环节、小组讨论和自评互评中，研究者都在学生中巡视，给学生归纳和补充相关词句，提供语法支持，给出修改的意见等。在作文的讲评课上，研究者跟踪学生对错误的评析，时时做出总结和补充。

4. 激励者

无论是在阅读环节，还是在合作写作和自评互评的过程中，学生都会遇到一些困惑和困难。例如，在对阅读材料的理解、概括、梳理、分析、内化等方面，在写作时对所学知识的应用实践、迁移创新等方面，学生的能力水平有差异，表现不尽相同。所以研究者总是及时肯定，时时鼓励，以确保人人积极参与，个个完成任务。

5. 创造者

在写作课上，最重要的是研究者通过提供创造性的话题来创设一种安全的环境和语境。这样能帮助学生在情绪上和智力上创造出相互关爱、相互帮助的氛围，让学生意识到在老师的眼里，每个学生都很重要，人人都会得到别人的关爱和支持。

在这样的写作训练和作文讲评课堂中，以学生为主体的指向学科核心素养的英语学习活动观得以落实。

第4章 研究数据分析

在行动研究进行的三个学年中,研究者收集了实验班学生每学期写作的相关信息,如学生的问卷、访谈、跟踪研究的 6 名学生写作能力的变化、学生写作课堂的观察记录及科大讯飞智学网对年级统考学生英语作文错误的分析数据。相对而言,利用大数据的智学网所提供的分析数据更有说服力。

按照省级课题管理的要求,研究组撰写了两次中期报告,总结研究过程中存在的问题和取得的阶段性成果,并及时对训练计划进行调整。

随着研究第三个阶段的结束,研究者对学生写作训练过程中收集的数据进行了分析整理。

4.1 研究阶段性总结

研究者对学生"写作错误统计表"、智学网提供的每学年四次联考学生作文错误相关数据等进行分析处理(见图 4-1)。

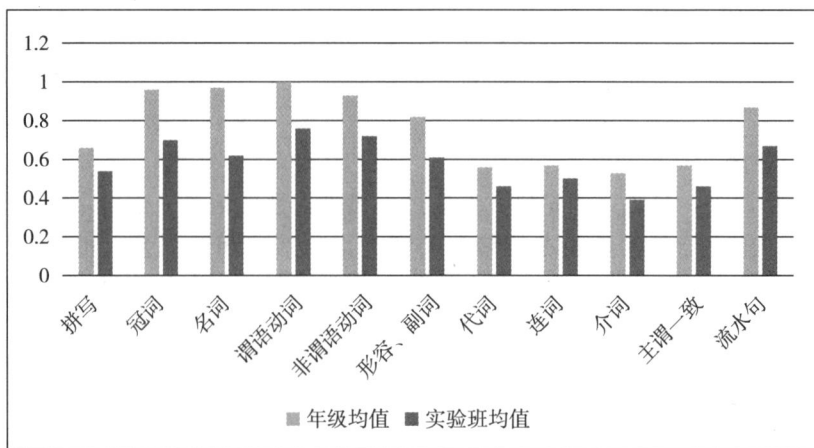

图 4-1 高一年级统考作文错误统计对比

上图中，"名词"指的是名词的单复数及可数与不可数；"谓语动词"包括动词的时态和语态及动词的误用，而为了更好地区分错误的类别，"主谓一致"则作为单独的一项来统计；"非谓语动词"包括动名词、现在分词、过去分词和动词不定式的误用；"形容词、副词"则包括形容词、副词及其三级的误用；"代词"除了包括人称代词、物主代词、互相代词、指示代词等的误用，还包括是否正确地使用指代和替代等；"连词"包括并列连词和从属连词的误用；"流水句"（run-on sentences）指的是小句间用逗号而无从属或并列连词，表现为不关注大小写、标点符号及连词的使用。

因技术及人手等原因，智学网所提供的学生作文分析的数据是基于班内考试成绩的前 20% 和后 20% 进行的，但通过研究者对两次考试全班作文错误的分析，其结果与智学网所供的数据基本相符。

纵向看，与前测中写作的错误相比，实验班学生在所有统计项目上取得了进步；而横向对比看，与年级错误的均值对比发现，实验班学生进步明显。同时，随着对实验班学生书写规范的要求，学生的卷面、大小写等有了明显改观。学生在拼写、冠词、名词等使用上有了一定的进步。

然而，上图也说明了学生在谓语动词的时态和语态上错误率仍较高，主要是学生对所用动词是否为及物动词，即是否要有宾语，宾语从句的时态，不规则动词的过去式与过去分词使用等方面存在问题。与一些学生座谈后，研究者发现部分学生在掌握词性和搭配方面有困难，例如，"I very like English" "He waited me for half an hour" 等错误常常出现。在第一阶段，学生使用较多的句型是 "there be" "have 句型" "It be＋adj. to do sth" 等，但常有将 "there be" 与 "have" 句型混用，且会出现 "there are many people like running" 的错误。

对学生短文的问题大数据不易统计的还有：在短文的结构方面，部分学生的记叙文缺少要素，议论文及说明文的材料安排逻辑性不强；段落的主题不够明确，支撑细节不足，关注词汇的衔接和句段间的连贯不够。

学生想用较丰富的句式和较高级的词汇来表达思想，但由于对从句的使用仍需磨炼，学生常在宾语从句的时态一致、主语从句的句型、表语从句 "that" 的省略等方面出现错误。非谓语动词的学习给学生写作新的尝试，与前测相比，学生在非谓语使用方面的错误率高了，这是因为刚入高中的学生写作中很少用非谓语。"主谓一致"的错误率也是因为学生在使用定语从句时，出现顾此失彼的现象，即他们不能熟练地运用从句的谓语动词要与先行词在人称和数上保持一致的规则。

在话题的拓展方面，仍有约三分之一的学生感到"无话可说"和"有话无法说"的困难，其原因包括学生生活阅历不够丰富、想象力有待培养、词汇量的限制，这导致了他们无法完全用现有词汇表达汉语想要表达的思想。

通过对学生的访谈了解到，有超过 70% 的学生对英语写作感兴趣，这意味着越来越多的学生接受了过程性写作模式。

4.2　高一第一学期出现的问题及对策

在过去的一个学期中，通过一段时间"以读促写，合作写作和自评互评"的过程性写作训练，学生写初稿用的时间短了；在语法的正确度、词汇的选择、内容的安排和写作技巧上都得到一定的提升。在年级的期末考试中，实验班的写作平均分比整个年级的平均分高 0.44 分。但研究者仍然在合作写作小组及自评互评中发现了一些问题。

1. 个性差异

尽管合作写作小组已经证明能增强学生的写作兴趣，降低写作焦虑，但学生的个性有明显差异，这表现为：有几位学生不愿或无法与其他小组成员合作；部分优秀者认为，从小组讨论中得不到帮助，反而会耗费时间；有些基础弱的学生则不敢开口；同时，有些学生担心同伴互评未必正确，可能会给自己带来误导，于是就不愿意接受同伴的评析，特别是来自成绩比自己"差"的同学的建议。这些因素在某种程度上不仅伤害了成绩不太好的同学，而且也不利于团队的有效合作。研究者还了解到：个别学生认为，同桌间合作的效率更高；当然还有的小组是"合不来"。

为此，研究者要强化成长共同体意识，强化小组的合作和责任意识；在讨论和互评中鼓励基础弱的学生，以提升其自信心；允许同桌互评，以提高参与积极性和互评效率。

2. 依赖母语

在小组讨论中，一些"后进生"很害羞，不敢说英语。他们很难找到恰当的英语词语表达自己的想法和观点。在写作时，他们要先想好要写的汉语句子，再转换成英语，这样他们写出来的东西，有明显的"汉语式"，读起来拗口，更谈不上语言的得体。在短文的内容上，这部分学生常是绕弯子，没有体现英语的线性思维，如写邀请函，在第一段，他们总是"寒暄"，而不发出"邀请"。

为此，研究者会引导学生深入研析范文的结构和内容安排，进一步理解英语使用者的线性思维，讲评中突出"冗余现象"的修改。

3. 对老师的反馈重视不够

尽管研究者和学生有个"契约"，每次作文低于 18 分（高三调至 20 分）一定要重写，但对过线的学生来说，似乎是过关就算完成任务了。其中有学生认为，写篇作文花费的时间已经够多了，所以对老师的反馈显得漫不经心。例如，他们看到作文有错误的代码后未必去修改，看到"增加细节"或"优化此句表达"这样的提示就"知道"了之，不再去打磨优化。对要重写的作文，个别学生会因个人虚荣心将这篇作文撕掉，或换个本子（或扔了作文纸）。

对此现象，研究者加大了对学生再修改作文的检查，老师反馈后，保证学生必有再反馈。

4. 效率有待提高

在写作过程中，每个环节都有限定的时间。在小组讨论中，由于学生在读中获得了一定的"支撑"，所以在讨论环节，他们所用时间一般会在 3 分钟以内。而学生撰写初稿花费的时间一般会超过 15 分钟。

要提高学生的写稿效率需学生有足够的语言积累和一定的写作综合能力，还包括规范书写速度的提高。于是，在平时的练习中，研究者强化了"精准、规范、速度"的要求。

5. 错误类型统计困难

在互评后，研究者要求学生坚持把第一稿的错误进行分类记录，但这对学生来说似乎有些难以做到，他们很难把一个（标记错误的）数字填入统计表格。一方面，对有些学生来说，由于语法知识薄弱，不知道错误属于什么类型；另一方面，他们对训练的用意不太明白，认为花时间去记录没有必要。

为此，研究者一方面帮助他们理解"成长记录"的重要性，另一方面积极寻求课题研究组和智学网的帮助。

4.3　关于学生写作焦虑的问卷调查及分析

在本次行动研究之初，以及第一学年末，研究者对学生的写作态度进行了问卷调查。调查问卷的目的是了解学生在写作过程中的体验和他们对过程性写作步骤的态度。研究者希望能获取一些客观的信息，以便完善实施方案。这些问题与第一次的问卷基本相同，统计结果见表 4-1 所列。

表 4－1　学生写作问卷情况调查结果

选项/百分比 题号	A	B	C	D	E
1	6.67	12.28	14.67	36	33.33
2	45.33	30.67	20	4	0
3	36	25.33	28	6.67	4
4	53.33	21.33	12	8	5.33
5	5.34	5.33	16	42.67	30.67
6	6.7	8	0	42.67	42.67
7	1.33	8	9.33	41.33	40
8	46.67	41.33	8	2.67	1.33
9	22.67	17.33	14.67	28	17.33
10	2.67	12	14.67	38.67	32
11	20	21.33	37.33	12	9.33
12	9.33	12	21.33	30.67	26.67
13	13.33	10.67	32	22.67	21.33
14	10.67	13.33	40	12	24
15	30.67	25.33	26.67	8	9.33

A. 非常同意　B. 同意　C. 无所谓　D. 不同意　E. 完全不同意

问卷结果及学生访谈分析

1. 你对写英语作文担心。

有约19％的学生仍对写作有所担心，其中约7％表示非常担心。他们担心的理由是，词汇积累不够，不能"随心所欲"地用英语表达。有近70％的学生对英语写作表示不再担心，这比上学期开始时，学生对英语写作的担心（80％）有了大幅度的降低。他们认为，经过老师一年的训练，自己知道该如何拓展和选择词汇。这说明经过一个学年的过程性写作训练，学生的写作能力明显提高，因而对写作产生了兴趣，有了信心。

何杰明同学说"只要学好单元的课文，学些围绕话题的词汇，写英语作文不难"。王安东则表示，他虽不怕，但还是不太情愿，"因为对有些话题不知写什么"。可见，要逐步培养学生阅读的习惯，创设更丰富的学习探索情境。

2. 你接受指定的作文题。

有 76% 的学生对指定的写作话题愿意接受。他们的理由似乎很现实，"因为考试的作文题也是指定的"。仅 4% 学生认为，"想写的才能写好"，有时他们对指定的话题感到陌生。

孙睿智等学生认为，好好地参与课堂的活动，应该是什么话题都有话说，且指定的话题也是他们较熟悉的。

3. 你希望与同伴讨论写作话题。

约 61% 学生希望与同伴讨论写作话题，这比高一刚入学时有所提升。他们认为，这样可以拓展思路，明确自己写作的方向和内容；可以互相借鉴，相互促进；多学点写作技巧。有 28% 的学生表示，"议不议都行，议议话题可以有所启发，但也限制了自己的想法"。但仍有约 10% 的学生表示反对，他们的理由是，"课堂时间太宝贵，讨论浪费了时间"；"自己思考更有效"。

代琪琪表示，她在写作话题的讨论中有收益，"和同伴讨论一下话题，自己写作的思路开阔了"；李若愚则认为，"要在各自思考后再议论，这样才有东西交换"。可见，讨论的前提是同伴各自的积极思考，然后才能是分享。

4. 你愿意先打草稿。

有近 75% 学生表示愿意先打草稿。这比高一的第一次问卷提高了 15 个百分点。他们的理由是多方面的："可以先准备材料"；"可以减少语法错误，短文读起来顺些"；"使卷面美观，思路清晰"；"可以避免涂改，这是高考的要求"。有约 13% 的学生表示反对，原因是他们担心耗时。王安东担心，"我写得慢，考试时，要打草稿就来不及了"。可见，指导学生如何高效打草稿很有必要，如构思好段落框架后，只写关键句型和主要词汇等。

5. 你担心写作时无话可说。

尽管还有约 10% 的学生表示对写作话题担心无话可说，原因是"我积累得不够""就怕面对陌生话题"等，但已有 73% 的学生表示不再担心，这比第一次问卷提高了 55 个百分点。他们说，读好课文和写前的小范文，就一定能写出来的。也有学生表示，积极参与课堂的活动，对要写的话题就会有话可说。

刘智鑫表示，"不要把写作文当任务，把它当成和别人交流的途径，要写的也就是平时所思考的，所以没什么好担心的"。

6. 你担心不知如何表达想法。

让课题组欣喜的是，有超过 85% 的学生表示不担心在写作中的思想表达，这和第一次问卷表示"担心"的人数基本相同。他们说，课文中已有足够的素材，从老师和同伴那儿也可以获取帮助，还可以查工具书，所以没什么好担心的。当然，这是因为以读促写和过程性写作训练减轻了他们写作的压力。还有近

15%的学生仍有所担心，原因是"这和汉语的写作不一样"，"有时，不知道该写的重点是什么"。

在部分学生的作文中，常能看到段落主题不突出、无支撑细节或空话的罗列、冗余现象等。

何杰明等同学表示，自己在话题拓展上有了进步，但仍需努力积累和练习，以丰富作文的句式。

7. 你担心作文中词汇和句式错误。

尽管有9%的学生对写作中的词汇和句式有所担心，原因是，英语基础相对弱、词汇量小等，但已有约81%的学生表示无忧。这个数据和第一次问卷中表示"担心的"学生比例基本相同。他们表示，"只要不是'创新'太多，用学过的不会有错"，"只要能查一下工具书，有错了能改的"。这说明，阅读能促进写作能力的提升。

李若愚等学生表示，只要读得多，就能写得好。

8. 你会考虑语篇连贯。

有近88%的学生表示自己在写作时会考虑语篇的连贯，以增加文章的流畅度，从而提高考试作文的分数；也有学生表示，跟着老师的练习，自己这方面的能力有了显著提高。有8%的学生表示"无所谓"和4%的表示反对，其原因是"我写作能力有限，有时顾不过来"，"没有特别关注过，只要作文读起来'顺'就行"。访谈的几位学生都表示，阅读教学中，对语篇知识的学习使他们有了主题和语篇意识。

9. 你担心在25分钟内不能完成写作任务。

仍有40%的学生对限时在25分钟内完成感到担心，这与平常写作训练中部分学生的表现一致。理由是，虽然知道考试中写作的时间一般不超过25分钟，但平时因想提升作文的整体质量，总是要多耗时的。也有学生说，自己书写不好，又想优化卷面，所以难以完成。

但这个数字比第一次问卷时降低了14个百分点。这说明，随着学生词汇量的增大和研究的推进，学生选词造句及布局谋篇方面的能力有了提高。

王安东等几位学生表示，练独立写作和书写速度是考试必需的，通过写作训练课是可以实现的。

10. 你担心自己的书写和卷面。

经过一段时间描贴练习，超过70%的学生对自己的书写有信心，这个数字较第一次问卷有了很大提升，但仍有14%的学生表示对自己的书写担心。这部分学生虽在练习书写，但总感到效果不佳，只要是考试，时间一旦紧张，他们的卷面分数就较低。可见，在英语的其他作业中仍要坚持对书写和卷面的要求，鼓励学生坚持不懈。

11. 你希望在上交作文前同伴互评。

有约 41% 的学生愿意与同伴互评，较第一次问卷提升了近 30 个百分点，且持反对的人数（约 21%）大大减少。他们已经认识到，"这样等于写篇作文又做了篇短文改错"；"相互检查错误更有效"。而反对者担心的是，"有时同伴不一定能给出真正可用的建议"；"养成了习惯，考试怎么办呢?"有 37% 的学生表示"无所谓"，他们的理由是，"对自我纠错能力有信心"；"这样会耗时的"。

过程性写作训练的目的是让学生能独立地高质量地写出作文，一定程度上用所学语言表达思想。随着训练的持续推进，还会有越来越多的学生接受同伴互评。

12. 你担心老师给的作文反馈。

有约 21% 的学生表示担心老师给的作文反馈，原因是，"怕要求重写"；"怕要改的太多"；"有时不理解老师的意图"等。有 57% 的学生表示"不担心"。理由是，"希望老师点评，至少说明我是可造之才"；"不担心，有错误就改"。可见，越来越多的学生开始认识到读懂老师反馈再修改的重要性。

刘智鑫等学生（约占 21%）认为，在老师的反馈中获取的信息是有限的，关键是自己多读东西，用心写才是最有效的。也有学生认为，在作文反馈中，老师指出的语法方面的错误多，而如何优化的信息少。何杰明等学生希望老师定期给他们面批，并在作文讲评中增加美文和美句，以丰富学生的语料。

13. 你怕老师让你重写作文。

有约 23% 的学生怕老师要求再写作文，理由是，既费时，又怕再写的还不达标；对重写的作文没多大兴趣。但这比第一次问卷时表示担心的百分比少了一半，而表示愿意重写的学生人数翻了一倍（44%）。越来越多的学生理解了老师要求重写的用意，"必要时我要重写，因重写的作文会更好"。

教学中，随着学生在写作上不断进步，在老师设定的标准（高一时 18 分，高二时 19 分）以下的学生数会逐渐减少。随着学生年级升到高三，他们要达到的标准（无须重写）是 20 分。

14. 你担心自己的作文被老师课堂评讲。

仍有 24% 的学生表示担心，理由是怕错误被曝光，怕出丑；不想成"网红"；不能当反面教材。这比第一次问卷少了 16 个百分点。有 40% 学生表示"无所谓"，是因为"我们都习惯了，没什么好担心的"；"咱'宠辱不惊'了"；"被讲评的多是高分的"。有 36% 的学生希望自己的作文能被课堂点评。他们说，"受老师'亲点'那才会有较大长劲呢!"孙睿智等同学认为，作文被点评，理解会更深刻，记忆会更长久，进步会更快。

15. 你愿意每周都写英语作文。

让研究者惊喜的是，有 56% 学生的愿意每周都写作文，而第一次问卷时，反对者超过 51%。这说明学生对英语写作的兴趣有了明显的增强。有学生写道，"甚至可以写两篇""这已成了我们的习惯'动作'了""我想多练练""适度练习来提高写作水平""无论话题还是写作方法的练习，总是会熟能生巧"。有约 26% 的同学不持意见，理由是"我'佛系'了，老师说了算"。反对的学生（约 17%）认为，这样"老师的负担太重啦""我们练的够啦"。

通过访谈进一步了解到，学生都能认识到英语写作的重要，知道要获得技能就只能通过多练习。代琪琪说，"我们相信跟老师练写作一定会越写越好的"。

4.4　研究第一阶段总结

1. 研究工作主要进展及研究过程

本课题自 2018 年 9 月开题以来，研究者开展了高中英语书面表达的课堂训练，方案在实施中不断完善，取得了明显成效。

（1）准备阶段：现状调查。9 月初，针对合肥一中 2018 级学生 10 个班级采用书面问卷的方式，对高中英语写作的七个方面进行客观、有效的调查。在有效的问卷中，对于写作认知，有五分之一的学生认为写作是一个强行的任务，绝大多数学生仅能够利用掌握的词汇和语法知识写出作文。也有将近一半的学生认为，范文的背诵和写作模板能够帮助他们提高写作水平。关于写作资源的利用，有十分之一的同学能够把教材中的写作方法运用到自己的书面表达习作中。有一半的同学能够有意识地向同伴学习，并借鉴同伴的写作资源。与此同时，只有不到四分之一的学生会同时考虑题材的要求，注意使用特征性的语言和语篇格式。

研究策略探讨。研究者积极研读相关的著作论文等，同步做好读书笔记，整理文件综述。例如：徐昉著的《英语写作教学与研究》；陈则航、邹敏、陈思雨、李晓芳著的《英语写作中的思辨能力表现研究》；上海市普教系统双名工程英语学科两个名师培养基地编著的《高中英语写作教学设计》；王蔷著的《英语教师行动研究》；《中学外语教与学》《中小学英语教学与研究》《英语学习》等期刊。针对实验班级的英语写作现状和学生对学习写作的兴趣寥然、望而生畏的现象，结合已有的文献著作和研究成果，本课题研究的是如何帮助学生通过学习和运用语篇知识，在合作写作、自评互评的过程性写作训练中提高写作能力，以期为高中英语写作教学改革提供具体的可操作的解决路径。

（2）实施阶段：依托单元阅读语篇教学，以教材中的"写作任务"中的范文和"写作帮助"为抓手，帮助学生不断积累话题词汇，丰富语篇知识，提高自评互评能力，重视老师反馈，从而不断提升写作能力。

具体来说，首先细化单元语篇知识列表，明确不同的语境下，交际功能和题材的不同结构。例如，说明文的主要写作目的是信息的传递及说明，介绍事物的基本特征或阐明事理。因此，教师从教材中的 Communication Workshop 入手，引导学生关注教材中的"写作帮助"。其目的在于促进学生形成整体的语篇知识，包括文体、框架、内容、语篇语言和逻辑等，并在感知、学习和积累中形成作者和读者之间的良性互动。

其次，写作技巧的习得渗透在阅读教学中。通常情况下，阅读教学包括通过学习理解、应用实践、迁移创新等层层递进的语言、思维、文化相融合的活动，引导学生加深对主题意义的理解。以第五模块第 15 单元的第三课 Teachers 为例。阅读课文，定位信息 who，what，why，how 是初步的感知，也是解析文章的结构。在文本的理解阶段，学生可在老师的指引下，梳理相关词汇、句式结构和文体特点。在该阶段的基础知识搭建完成后，围绕话题语境的教学便可直指写作输出——描写人物。学生选定了要描写的人（如一位老师或同学）后，接着进行以下主要活动：（1）小组内讨论语篇结构和内容要点。（2）独立写作。完成自己的写作任务，并关注语篇意义和结构连贯。（3）评价写作。参照"评价量表"，对已完成的第一稿进行自评互评。

阅读和写作是不可割裂的，两者相互补充、相互促进，或者说阅读是模仿写作的过程。在设置写作任务时，研究者布置虽然内容不同但是语篇特点、文体框架相同的写作任务，学生对现有语言范本从解构到重构的过程即模仿再创造的过程。而合作写作把合作学习理论用于课堂写作过程，尤其在反馈阶段，让学生获得自我认知、同伴协作和老师帮助的三维体验，从而增强写作自信，培养识错、纠错能力，提升写作能力。

另外，合理设计同伴互评量表，并将其应用于写作反馈环节。同伴互评量表是评价学生英语写作的一套规范，可以有效地改进写作的方向性，从而提高英语写作教学。在写作前后，量表的评价指标及分值可以帮助学生明确写作的要求，从而更好地取舍写作素材，确定写作结构和内容。

为此，研究者和学生一起认真学习"高考全国卷英语作文评分标准"，先后尝试过"The writing assessment criteria in the national curriculum"和"Writing content assessment guidelines"。

用英语量表的初衷是帮助学生更好地熟悉相关术语，助力用英语进行小组讨论，但使用起来发现，由于量表是对所有类型文章的要求，项目多，要求高，学生使用有困难。于是，研究者针对每单元的写作话题，重新设计了一组量表。有容易操作的赋分细则，用于学生的自评互评（见表 4 - 2）。

表 4 - 2　Describing a/n (admirable) person　　Total score _____

Items	Evaluation Contents	Score
Structure &. Contents	Introduction：brief introduction about the person (3 marks)	
	The reasons for your admiration：Describing his / her personality, character or devotion to... with examples (5 marks)	
	What have you learnt from him/ her? And how will you do? (4 marks)	
Language	Logic (2 marks)	
	Sentence structures (2 marks)	
	Vocabulary (3 marks)	
	Grammar (2 marks)	
Cohesion &. Coherence	Linking words etc. (2 marks)	
Handwriting	(2 marks)	

2. 阶段性成果

课题组在一年的教学实践中，不断完善基于单元话题的"以读促写、合作写作和自评互评"的写作训练模式，得到了参与师生的充分肯定，学生的书面表达能力有了明显提升。

在实践上：

1）学生方面

（1）学生初步形成话题和语篇意识。大部分学生的作文能做到结构较清晰，主题较突出，语言较流畅，如段落层次中的主题句引领，细节句支撑，总结句归纳。

（2）语言质量提高明显。通过对"学生作文错误统计表"数据分析，我们发现，学生作文的语法错误大大减少，尤其是低级错误，如大小写、名词的单复数、冠词的使用、主谓一致等。

（3）学生的合作意识增强，后进生成绩上升明显。在交流环节中，他们体验到合作探究的快乐，更深刻地理解共同进步的意义，体验到一起成长的快乐。小组中后进生的写作成绩有较快提升。

（4）学生写作的兴趣日益浓厚。基于单元话题语篇，学生积累了较丰富的词汇和句型，这使他们用所学语言表达思想成为可能，这也在一定程度上增加了他们想要自我表达的欲望和信心，从而减轻甚至消除了学生对写作的焦虑，学生参与课堂活动的积极性也提高了。

（5）学生学习英语的信心在不断增强。在写作能力提高的同时，学生的听、说、读和看的能力也有明显提升，部分优秀的学生会在课堂 Daily report 等活动中去主动展示自己。

（6）师生之间的互动加强，教学氛围更加民主、和谐和热烈。随着教师面批次数的增加，师生间建立更亲近的师生关系，英语写作课堂教学的情意功能得以发挥。

2）教师方面：

（1）"聚焦课堂"的意识增强。在行动研究中，参与实验的教师进一步更新了传统教学观，对新课程标准有了更深的理解，参与探索英语教学新思路的积极性增强，驾驭教材的能力得到了提高。

（2）问题意识和研究意识得到了加强。课题组老师从发现学生的写作问题入手，通过观察、访谈、测试分析和问卷调查等多种方式开展行动研究，并能针对问题提出和实践解决问题的方法。在与同伴交流写作教学体会，共同反思和商讨每个阶段的教学计划实施和调整的过程中，课题组的研究氛围浓厚，坚定了大家继续在教学中发现问题和解决问题的决心和信心。

在理论上：

（1）践行了英语学习活动观，提高了学生学用能力。参与研究的教师基于单元话题设计的书面表达练习具有综合性、关联性和实践性特点，使学生在通过课文的学习理解、应用实践、迁移创新等一系列的活动，学会用所学语言去表达个人观点、意图和情感态度，从而提高英语学用能力。

（2）相对于传统写作教学的"学生写，教师改"模式，"同伴反馈"，即学生"自评互评"是对"自主、合作和探究"学习理论的践行。

（3）在写作话题等方面给学生充分的话语权，给学生自我纠错的机会，这是对"以学生为主体"的课堂教学理论的探索。

3. 主要创新点

基于英语学科核心素养，通过"以读促写、合作学习和自评互评"的过程性写作训练，使学生在语境中高效地互相学习、自觉构建。研究力争在下列四个方面再有突破：一是提高学生在语篇类型和结构等方面的把握；二是提高学生在使用语法和词汇、语言的流畅度、内容表达清晰度以及行文的逻辑等方面的写作能力；三是增强学生的写作兴趣，使其乐于用英语写作来表达思想；四是增强学生合作意识和自信心的培养，以及提高学生的学习能力，从而有助于落实英语学科的核心素养的要求。

4.5 研究第二阶段总结

通过对第一阶段写作训练所得数据的分析，研究者对原定的写作训练计划进行了优化，强化了班级学习共同体建设。在学生对课文阅读获取足够"支架"的基础上，小组讨论时间在减少，学生写第一稿的时间也在缩短。与之相反的是，学生的互评时间在拉长，因越来越多的学生认识到互评的作用，它不仅可以加深自己对所写话题的认识，扩大信息的获取，提升自己对话题拓展的能力，而且通过评改同伴的作文提升自己纠错的能力，同时也增进同伴间的互助意识。

1）数据分析

高二学年，课题组顺利完成了写作训练计划，共写近 30 篇作文，全年级统考四次，基于智学网为各班提供的学生"作文错误分析"的数据，课题组收集并综合分析后，获取了实验班与全年级学生作文错误的均值对比（见图 4-2）。

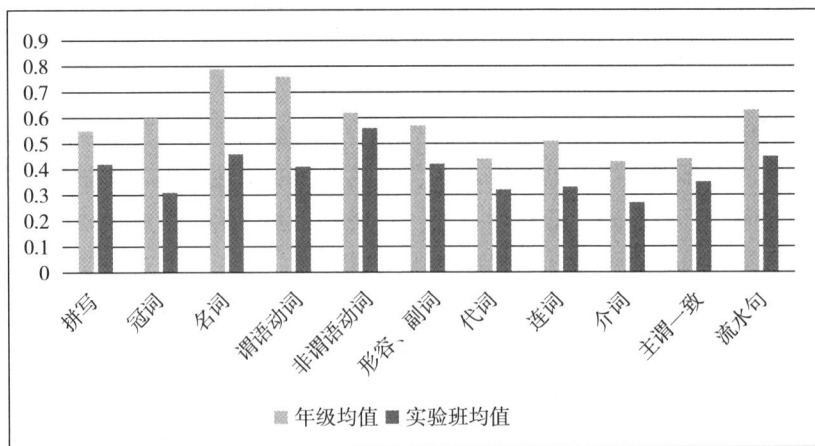

图 4-2 高二统考作文错误统计对比

从上图的对比可以看出，实验班的错误均值都低于年级的平均值，这说明写作训练有明显成效。

由于学生有了使用高级词汇的意识，多数学生在写作时总是"标新立异"，

"不走寻常路"，他们会尝试使用曾读到的"高级词"。他们这种追求高质量的意识是研究者所鼓励的，但同时，有些词是学生临时从词典里翻来的，这自然会出现一些用词不当或拼写错误。

在冠词的使用上，部分学生没有注意到"可数名词不可单独使用"的语法现象，且由于考试时间紧而忽略了"a"和"an"的使用，如误用 an university，a hour 等。同时，学生对一些固定短语中的冠词记得不牢，如出现 the last but not the least 等；随意在 society、nature 前加"the"。

经过两年的学习，学生在写作中常用到的时态，如一般现在时、一般过去时、一般将来时掌握较好，但在宾语从句的时态方面仍时常出现错误，如出现 I heard that you have won the competition. 等错误；在不规则动词的过去式和过去分词的拼写，及现在分词是否双写中也出现错误，如在相当一段时间，常有学生写 I'm writting to invite you to join our team. 之类的错误。

为提高语言的质量，做到言简意赅，学生常会使用非谓语动词，但总会有学生对一些动词后做宾语或宾语补足语用 to do 还是 doing 记得不清，如出现 I hope you to come soon. 以及 I'll try to make my hometown becoming beautiful. 之类的错误。在使用 with 结构及独立结构时，也会出现一些错误，如 With all come，we started to pick up the litter in the park. 有时把 with 结构和 as 从句弄混，如出现 As the holiday approaching，our excitement is growing day by day 这样的错误。

在形容词和副词的使用上，学生的错误主要有：逻辑承接语、起连接作用的副词及拼写较复杂的形容词和副词、派生词拼写等。例如，在使用 however 时忘了用逗号，invaluable 用反意思等。

代词的错误主要表现在反身代词的使用，如出现 My father took myself to the park. 形容词物主代词误用，以及不能准确使用替代，即有时多次重复使用一个名词或短语而不知用相应的代词代替。

随着学生词汇量的增大，写作能力的提升，研究者一直在指导学生不断丰富写作句式，努力做到长短句结合，这样在一定程度上提升了学生作文的整体质量，但随之而来的是，有些学生为让句式复杂而出现连词使用错误及冗余现象，如 What we are supposed to do is we do what we can to protect our earth. 同时，也会有学生因想用修辞而出现流水句，如 Everyone maters，everyone has a role to play，everyone makes a difference. 他们在引用时没有注意到课文中在句间用的是分号。

介词使用方面的错误主要是在表示时间和地点短语及固定短语中误用，如 in next week，on this Sunday，in exhibition 等。

2）下一步计划

每一项行动研究都是一个在实践中不断探索和完善的过程，所以，"基于单元话题，范文研读，合作写作与自评互评"的写作模式也是一个循环优化的过程，在实验的下阶段工作中，课题组将继续探索以下几个方面的问题：

（1）随着学生进入高三年级的学习阶段，研究者对北师版各模块的复习要有整体认识，对教材 24 个单元的整体目标需要统筹规划，优化话题组合，适当增加单元话题训练的次数，从而更好地强化所复习的话题语篇和词汇知识。

（2）更准确地把握单元写作话题的词汇，并根据学生的实际水平和认知规律，帮助学生适当归纳和拓展话题词汇，引导学生在书面表达的选词上习惯于"短语优先、现学优先"，即"适度低频优先"的原则，以进一步提升学生习作的准确性、流畅性和复杂性。

（3）探索课堂"阅读与写作、演讲与写作"的结合，拓宽思路，开阔视野。基于学生对单元话题基本词汇的掌握，用"批判性阅读"来培养学生的发散思维，使其巩固所学词汇、句型及优美句子等；引导学生不断提高使用句型的复杂性和得体性。

（4）关于学生作文错误统计表"The record of errors in writing found by the writing group and individuals"的简化。此表在一定程度上帮助学生在互评和自评中增强目标意识，学生习作的语法错误逐渐减少，他们的纠错能力有了提高。但随着研究的深入，此表也存在些需改进的地方。例如，尽管教学中加强了他们对语篇知识的学习，部分后进生有时找不出或分不清自己的错误属于哪类，对不同文体的作文在内容、结构和语言方面该赋几分把握不准。为此，在加强学生语篇知识学习的同时，学生的"自评互评"量表要进一步简化，以便于操作。（参见附录7）

（5）加强对不同班情的学生"合作写作小组建设"的研究。强化小组功能，重点是提高小组的互评环节的效率，如优化小组人数及成绩搭配，研究合作小组"动态"和"静态"的搭配机制；关注同伴的互动和激励，从而充分调动每个成员的积极性，使小组成员人人受益。

（6）加强对学生从"合作写作"到"独立作文"的指导，坚持"自评"和"互评"，提高"同伴反馈"的效率。随着学生进入高三，"应试"能力的培养也随之提上日程，所以，在写作教学中可以逐步弱化"合作写作"，因为这是高考的"必须"，但在平时训练中，"自评互评"是保留"活动"，这有利于培养他们的改错能力。

3）预期成果

（1）理论方面，一定程度上丰富书面表达训练融入阅读教学的实践探索，突显了语言的人文性和工具性。在提升学生话题和语篇知识的同时，写作训练会帮助学生巩固已学话题词汇，强化语法知识，提高阅读技能；同时，围绕中华优秀传统文化的写作训练会增强学生的文化意识，坚定家国情怀和文化信念，从而用所学英语弘扬中华优秀文化。

（2）实践方面，提高学生书面表达的质量，使习作达到层次清楚、主题突出、语言流畅的要求；能消除学生对书面表达的焦虑，用所学语言表达思想，写作的兴趣会日益浓厚。随着书面表达能力的提高，学生的听、说、看等技能也能得到提升，学习的信心会增强。课题组能以王德美负责的全市英语教研及省特级教师杨玉乐负责的市"名师工作室"为平台，推动校际的交流和研讨，扩大研究成果在市内的推广，鼓励更多的学校参与此项课题的探索，让更多师生受益。

4.6　研究第三阶段数据分析

研究的第三阶段是研究对象进入了高三年级的时候。这意味着在不到一年的时间里，英语要复习 24 个单元，复习分第一、二、三轮。一轮复习重在紧扣教材夯实基础，二轮复习重在强化学生的综合能力，三轮是前两轮的提升，也是"回头看"，找"漏洞"，提能力。同时，高三除了意味着时间紧任务重，还意味着考试多。根据"2020 年课题的中期报告"中第三阶段研究的重心，以及英语教学复习计划，课题组增加了平时写作的次数，并把话题复习与历年高考书面表达话题结合起来，做到了"体裁全覆盖，话题无遗漏"。

4.6.1　英语写作情况问卷调查及分析

因为学生要面对的是考试，这就意味着写作要独立完成。针对这一特点，研究者强化的是自评互评和作文的讲评课，如年级的统考，集体网上批阅后，研究者在领回答题卡后对学生的作文重新反馈，记录学生作文中的典型问题、优美词句，并根据需要推出范文。

课题组在高考前夕对学生再次进行问卷调查，问卷就写作课及反馈过程共设有 18 个题目，每个题目有五个选项，分别是：A. 非常同意；B. 同意；C. 无所谓；D. 不同意；E. 完全不同意（见表 4 - 3）。

学生根据自己对过程性写作的体会做出判断。由科大讯飞智学网帮助读取了数据，课题组对部分学生进行了访谈。

表 4-3　高中生英语写作情况调查

题号 / 百分比 / 选项	A	B	C	D	E
1	39.66	29.31	25.86	1.72	3.45
2	41.38	48.28	8.62	0	1.72
3	55.17	24.14	15.52	1.72	1.72
4	34.48	43.1	5.1	12.07	3.45
5	41.38	32.76	18.97	1.72	3.45
6	27.57	44.83	22.41	1.72	3.45
7	44.83	37.93	8.62	5.17	3.45
8	39.66	43.1	12.07	1.72	3.45
9	44.83	32.76	13.79	6.9	1.72
10	36.21	56.9	6.9	0	0
11	25.86	39.66	12.07	17.24	5.17
12	27.59	34.48	20.69	8.62	5.17
13	58.62	31.03	8.62	0	1.72
14	41.38	55.17	3.45	0	0
15	44.83	39.66	5.17	6.9	3.45
16	41.38	46.55	6.89	3.45	1.72
17	51.72	18.97	18.97	3.45	6.9
18	31.03	22.41	24.14	6.9	15.52

问卷结课及学生访谈分析

1. 我喜欢教材中单元给的写作话题。

约 69.0% 的学生喜欢教材中单元所给的写作话题。他们认为，经老师对单元话题进行调整、完善和改编后，他们练习的话题比较贴近生活，话题丰富，且有话可说；可以真正把在单元中学到的用于写作练习；在一定程度上增强了他们对写作的兴趣。25.8% 的学生对话题持"无所谓"态度，部分成绩优秀的学生认为，"写什么话题都行"；仅有约 5％的学生不认同，他们的理由是，他们缺乏有关话题的生活经历。

王安东等写作能力稍弱的学生认为，写教材给的话题会更有话可说，可参考单元课文。

2. 我也接受指定的写作话题。

89.7％的学生接受老师给定的话题。他们的理由是，这是考试所需要的能力；写所给话题有利于练习写作能力。不接受给定话题者仅占 1.72％。李若愚等同学信心十足地表示，"几乎所有的话题都练过，我们不'挑'写作话题"。

3. 我喜欢在写作前读课本上的范文。

约 80％的学生喜欢在写作前读范文，这与学生对第 7、8 和 9 题的认同人数基本一致。他们认为，课本上的范文很经典，教材 Writing 里的范文就该认真研读，因为它不仅给了写作的框架，还有所需的语块。这样写起来更轻松，作文的结构和语言等都好多了。15.5％的学生持"无所谓态度"，理由是，"一个单元学完后，没有范文我也能写好"。仅有不到 4％的学生不喜欢"Writing"的范文。他们认为，范文在一定程度上束缚了他们写作的思路。

4. 我能从课本给的范文中归纳语块和句式。

77.6％学生认为，范文中有丰富的语块，多变的句式，在老师的帮助下他们学会了总结归纳；5.17％的学生认为，范文中的语块也是单元所学的，所以"未必从所读的范文中提取"。约 15％的学生认为，"老师仍需培养我们的归纳和总结能力"。

代琪琪等同学认为，学会模仿对低水平的同学很有必要。

5. 我喜欢过程性的写作训练课。

74.1％的学生喜欢过程写作训练课。他们认为，写作要有过程，就要在过程中得到训练；对专项的能力训练，如遣词造句和布局谋篇能力等，对他们很有帮助；在写作过程中可以得到帮助，会减轻压力。约 19％的学生持"无所谓"态度，理由是，"反正需要时间写，这可能更适合考试"。约 5％的学生认为，"在课下，我也能写好。在课堂上写作，占用了很多课堂时间"。这说明，写作水平较好的个别学生在写作的过程不想获取帮助，且他们写作的用时较少。

刘智鑫等优秀生表示，到了高三，没必要有讨论环节，要独立完成写作，且重在自评。

可见，在高三后期，因时间紧，教学的重心是培养学生的应试能力，即在写作上，重在刷试卷上的题目，独立完成，自查错误。

6. 我愿意先打作文草稿。

有 72.4% 愿意先打草稿，他们知道，"这样可以保持卷面整洁，避免低级错误，提高作文的整体质量"；"虽有点费时，但很有用"。约 22% 的学生认为，要不要打草稿，要看对所写话题有没有话说，有说可说时，没必要打草稿，且一气呵成好；能不能打草稿，要看有没有足够的时间，没时间就打腹稿，边想边写。约 5% 学生反对打草稿的原因是，"考试时间紧，没有时间"。

孙睿智等同学认为，不打草稿会有一定的"风险"，考试时会失分较多。

7. 因读了范文，我不担心写作时无话可说。

82.76% 的学生认为，读教材所给的范文给了他们结构等方面的借鉴，"这样，我们知道如何拓展段落"；8.62% 的学生持"无所谓"，"因为是复习课了，读不读我都知道如何拓展话题"；历届高考题的范文有一定的参考价值。约 8% 学生认为，"要写作的话题与教材中的范文不完全一致，不可能照搬"。他们担心的是，范文可能会限制了自己的思路。

王荣睿等同学说，多读一定会"有话可说"。

8. 因读了范文，我知道如何表达想法。

有 82.76% 的学生同意这一观点，理由是"有了写作可以参考的词汇和句型"，同时，他们还体会到，他们可以从范文中获得启示，既丰富了句式又能学习使用较高级的词汇，使表达更准确。约 5% 的学生认为，只要学好单元课文，教材不给写作的范文也能用好所学的词汇和句式。这说明了，大部分学生已经认识到学好单元话题对写作能力提升的促进作用。

李若愚等同学认为，再读教材的范文更加明白如何组织语言，不说与主题无关的话，逻辑更好了。

9. 因读了范文，词汇和语法错误会减少。

约 78% 的学生同意这一观点，他们认为，虽然不能抄范文的句子，但可参照范文的词句；虽然不是同一个话题，但是同类的，这样就有了参考的依据。约 13% 的学生不持态度，这与他们对第 8 题的回答基本相同，他们相信自己在单元话题学习中的积累，不在乎一篇短文的帮助。约 8% 的学生反对，其原因是，"因为想有自己的表达方式，所以可能还会出错"。

从学生对第 7、8、9 三个题目的回答可知，绝大部分学生从读中获取了写作的素材，从读中提升了改错的能力。

10. 我在不断提升语篇连贯能力。

有 93.11% 的学生认为自己一直在提升作文的语篇连贯能力。他们给的理由是，在阅读课上，老师在训练他们的语篇连贯能力，所以在写作中会关注词汇的衔接和句间及段际间的连贯；"这样也有利于我七选五能力的提高"。仅不到 7%

的学生认为自己的语篇连贯能力"未见进步"。但可喜的是，没有学生不关注这一能力。

王凯旋等同学生说，关注语篇类型和结构也是做好阅读理解题所必需的能力。

11. 我能做到写后自评。

有 65.52％的学生能做到"写后自评"。他们认为，这样可以自我提高改错能力，可以减少低级错误；有利于提高自己作文整体质量。约 12％的学生认为，"这要看有无时间和有没有必要"。持反对意见的学生（约 22％）认为，"我不需要检查"；"写的过程中我已很小心，所以不会出错的"。这足以说明学生对自己写作能力的信心。也有两位学生表达了"有时自己找不到错误"的担心。有个别学生表示"进入高三还用评价量表没多大作用，因为我们知道怎么评"。

王安东等表示，有了自评的习惯后，作文的质量有明显提高。

自评和互评量表一定程度上是粗线条的，不可能太细，而进入高三，学生的作文需要精雕细刻，学生最需要的是用词的得体和准确的指导，所以，面批最为有效。

12. 我喜欢写后的同伴互评。

有约 62％的学生赞同写后的互评。他们的理由是，这样有利于提高改错能力，因为旁观者清；相互促进，共同提高使用语言的能力。持"无所谓"观点的学生（20％）认为，"我有能力找出自己作文中的错误"。约 13％的学生持反对观点的理由是，"要高考了，考试是不可以互评的，所以要练内功"；"对照评价标准会耽误时间"。可见，学生愿意接受高考的考验。当然，也有一位学生表达"自己的改错能力差，不好意思让同伴看自己的作文"的想法。

刘乐乐等表示，在互评中体会到了责任感，也能增进友谊。

13. 我在不断提升自己的书写和卷面。

89.65％的学生认识到，书写和卷面是"门面"，规范的书写和整洁的卷面能给读者好的印象；"因为这是考试的要求，能提高分数"；近 9％的学生表达了对自己能规范书写和卷面整洁的信心，"我的书写一直不错的"。仅有不到 2％的学生流露出对自己书写的不满意，"我怎么练不出效果呢？"

杨佳慧说，这不仅是英语的要求，各学科都要求书写规范和卷面整洁。

14. 我会思考老师给的作文反馈。

让研究者可喜的是有 96.55％的学生能认真思考老师给的反馈，没有学生反对这一观点。他们的理由是，老师给指明了修改的方向，没理由不思考；改正错误是为了避免下次再犯；"我们不能辜负了老师的苦心"。但仍有约 3％的学生认为"无所谓",理由是"自己不能很好地理解老师的意思"。由此可见,对部分学生仍要坚持面批,以达成共识。

15. 如必要,我愿意重写作文。

约84.49%愿意重写作文。他们知道,勇于改正错误才能提高能力;重写能增强对话题的理解;重写作文是为了完善,而不是惩罚;让每篇作文都成为精品。持"无所谓"的学生(约5%)表示,"虽不想重写,但要求了就写吧"。约10%的学生反对重写,他们给的理由是,重写花时间;"我对自己的作文有信心"。后来的访谈了解到,这部分学生的作文质量相对不错,很少会重写。

16. 我喜欢作文讲评课。

有87.9%喜欢作文讲评课。他们认为,他们参与作文的讲评很有意思,这样既拓宽了自己写作的思路,又丰富了语言;既能学到一些优美词句,也能看到大家写作中出现的问题;这是很好的积累过程,收获很多,这样有利于提高写作水平。约7%的学生"无所谓",理由是,"我不会犯那些低级的错误";"虽欣赏了优美的词句,但自己用起来有点难"。当然,还有约5%的学生表示不喜欢,原因是"看过讲评后来就忘了"等。张志等优秀生认为,在作文讲评课上学生参与修改浪费了时间,他们最喜欢听的是老师对一些词汇和句子的"优化"。

反对者的理由也给了教学一启示,对讲评内容较多的材料,尤其是涉及较多需改错的句子要以讲义的形式发给学生,这样他们就有了抓手,便于后来的复习和对错误较深刻的理解;对"sentences to be polished"环节,老师可多点拨。

17. 我喜欢我的作文或美句被老师课堂展示。

约70%的学生喜欢自己的作文或美句被课堂展示。他们的理由是,这样能激发写作兴趣,增强自信;把美的东西和他人分享,这样可以相互学习,相互借鉴;表扬是前进的动力。这表明学生认识到示范的作用,它给学生的是激励。约19%的同学是"无所谓"的,其中的原因有"我还是很淡定的";"这由老师决定吧"。而反对的学生(约10%)怕自己的作文出错让同学笑话,"自己也不想吸引关注"。由此可见,讲评课中展示内容要精选,让美句美文真正起到"美心"的作用。

刘智鑫等优秀生表示,感谢老师给他们的句子修改后展示,这消除了他们的担心。

18. 你愿意每周都写英语作文。

有53.44%的学生愿意每周都写作文。因为他们也认识到:Practice makes

perfect；这样让他们找到了写作的感觉，保持手感；平时多练习，考试心态就稳了。约 24％的学生不持意见，"写也行，不写也有道理"；"我们没少写呀"。但也有近 22％的学生不愿意每周都有写作课，理由是，有时阅读课上还有微写作，这样写作的时间太多了；还有学生担心这样老师批改作文工作量太大。"老师上了年纪，不能让他太累呀"。

被访谈的学生都表示，坚持每周写作文不仅提升了写作的能力，也提高了他们的英语整体成绩，增强了学英语的兴趣。

4.6.2　学生访谈

根据课题研究计划，2021 年 5 月，研究者对学生进行了随机的访谈，想听听学生对三年来进行的写作训练的反馈，包括意见和建议，以利于下阶段在成果推广的过程中不断优化方案，获取更好效果。

代琪琪说：高一时，由于我的英语很差，单词记忆困难，有时间就看生词表，但是总是记不住，所以写作文时，想用的词就是想不起来。我怕写英语作文。因为一篇短文中会出现许多拼写和语法错误，每次作文总红线满篇，老师也很生气。经过先读后写，又能同伴间互相帮助的写作训练，写作时，我可参考范文上的句子，想不起来时还可以查查，这样我的词汇量也大了。现在我不仅积极参与小组讨论，而且在课堂上我敢大胆回答问题，参与讨论。所以我想说，感谢我的小组成员，尤其是几位同桌，他们给我帮助和信心，现在，无论平时写作文还是考试，我都不紧张了。

英语成绩不错的张欣欣说：虽然我的英语不算差，但以前，内心还是不想写英语作文，总想着写出"优秀"，但有时总是力不从心，掌握的好词好句少。现在，经过三年的训练，我的词汇量大了，练过的话题多，所以，我对考试的话题很快会有清晰的思路，知道写什么和如何写。平时，我和同伴总会互评；在考试中，我有打草稿和自查的习惯。我认为，我的短文改错能力也因此提高了，考试中，我的短文改错一般不失分。

张馨月说：我感谢老师三年来的坚持和鼓励。我多次重写作文，但现在看，这是值得的！我不害怕写作了，也很乐意能在同伴的作文中挑出和纠正错误。现在，我真希望写作练习的时间多一些，这是我们巩固所学的词汇和句型的好方法。

李雨彤说：在初中，我的书写不够规范，虽然我想练好，但总是效果不佳。所以我不喜欢英语，当然也包括英语写作。现在，我的书写有了提高，作文的分数也不断提高。我想，我会坚持写写英语日记，我要学好英语。

绝大部分学生对写作小组的成效给予了充分肯定。他们认为，小组合作的体验对他们的生活及学习产生了积极的影响，增强了合作意识和团队精神，这是他们成长中必不可少的。

王泽宇说：说实话，刚开始我不想参加小组讨论，因为我觉得我的英语很好。虽然我的作文成绩并不总是很高，但写作对我来说不算难事。而且，我曾以为写作应该是自己的事，因为没有人能帮助你考试。我不知道写作需要训练，更糟的是，我的小组成员总是问我问题，所以我认为我的宝贵时间会被浪费掉。但后来我发现，我可以从他们的问题中学习，这让我有机会去思考"为什么"；从他们感激的目光中，我逐渐意识到，每个人都应该为他人做些什么，每个人都应该尽力帮别人。毕竟，在合作中我们都受益，合作增进了我们的友谊。

唐欣琪认为：作为一个有点内向的女孩，起初我在小组的议论中一般不说话，但渐渐地，我发现，在小组中我可以得到一些我所需要的东西，小组也没有人嘲笑你问的是多么简单的问题。现在，我会主动与同伴互评作文，这样我们的改错能力强了。

随着高考的临近，作为老师，课题组的全体同仁在为学生进步欣慰的同时，总在最后关头给学生个性化的辅导，每次考试后总会给学生的作文再进行面批，为他们解困，给他们信心。

4.7 写作课堂观察

在写作训练的最后阶段，没有考试的周，都会有写作训练，有时还会有某项技能的微写作，如对使用共享单车过程的描述、对垃圾分类的介绍等。写作的时间一般是复习完某个话题语块后，利用课堂 25 分钟左右的时间进行。研究者对高三学生的写作过程进行了多次较细致的观察。尽管高三练习量大，作业负担重，但学生对这样的训练没有表现出不快情绪。看到题目后，他们会有约一两分钟的思考，只有少数同学互相做简单交流。考试已让他们习惯于独立完成写作任务，有了时间观念，知道要效率。接着他们就开始打草稿，有些同学直接在作文本（纸）上写，偶尔也会有学生查一下词典。大约十五分钟左右，他们的首稿就写好了，接下来的大约三分钟他们会快速进行自我修改。

20 分钟左右，大部分学生都抬起头，做个深呼吸，准备组内交流，更多学生选择同桌交流，因为互相评改效率更高。于是，老师会把评改的量表呈现在大屏。每个同学都进行紧张的"短文改错练习"，他们会用修改符号把错误挑出来，然后提出建议，气氛很是愉悦，学生的脸上常常绽出微笑，呈现出轻松的表情。接着，学生会认真而又迅速地把第二稿写好，有时也会利用点课间时间。

第二天，学生们会看到老师对他们作文的反馈，对大部分学生来说，他们只要根据老师的建议做一下修改就行，只有少数学生需重写一次。

从调查看，研究者发现，大多数的学生不再把写作当成"难事"，而是把写作作为"展示"和交流的平台。通过写作，他们可以把想法告诉别人。并且，他们的表情也意味着，写作增强了他们学好英语的信心。

4.8　后测学生作文相关数据分析

在每年的五月份，研究者所在的学校会组织毕业班的学生参加六校联考，课题组把这次统考视为后测。全年级学生统一安排考场，利用金属探测仪、信号屏蔽仪及全程监控等手段保障了整个考试过程严明的考风考纪，考试的可信度高。

4.8.1　后测作文话题

本届六校联考英语的写作话题是：

假如你是李华，上周日你参加了你的好友交换生 Tom 的生日晚会，奢侈的场面让你非常惊讶。请你针对此现象写一封信给他，谈谈你的看法。

内容包括：1. 过于铺张，浪费严重；2. 喧闹太久，干扰他人；3. 生日晚会的真正意义。

注意：1. 词数 100 左右；2. 可以适当发挥，使得上下文连贯；3. 开头已写好，不计入总字数。

参考词汇：奢侈的 luxurious　铺张的 extravagant

Dear Tom,

I'm glad to have attended your birthday party last Sunday.

4.8.2　后测学生作文分析

本次考试实验班作文平均成绩比年级平均分高 1.25 分，总成绩高出年级平均成绩 5.6 分。

后测是联考，是网上集体阅卷，老师给的分数是整体的，且学生的作文是随机分给不同的阅卷老师，打分的标准有明显的差异。因此，研究者对学生答题卷返回后对作文重新批阅，从而获取学生作文在结构、内容和语言方面较翔实的信息。下面是后测作文讲评课的内容。

学生的习作展示

Dear Tom,

I'm glad to have attended your birthday party last Sunday. But what astonished me most was the luxurious atmosphere the party featured. So I would like to share my thoughts with you.

Since you are an exchange student, you are not familiar with Chinese culture. We Chinese appreciate down-to-earth personality, due to which the party was so extravagant that it wasted a lot like the food and drinks. Additionally, the party didn't stop making laughter and noise until midnight, given that it could disturb neighbors' daily life and even posed a threat to others' physical and mental health. From my perspective, the highlight of birthday party lies in the warmth of friendship and the companie of parents. So the expenses count nothing.

If you could adopt my suggestions, I would be more than delighted.

Yours
Li Hua

在作文讲评课上，研究者和学生一起分析了上述短文：清晰的结构，内容完整，涵盖所有要点，较准确、得体的用词（如 feature, share... with sb, down-to-earth, given that..., from my perspective 等），连贯的语篇及整洁的卷面等。接着，师生一起对学生习作中出现的一些句子作评析及学生美句欣赏：

Ⅰ. **Something should be corrected or polished:**

Not clear:

1. I'm writing to you to tell some luxurious conditions to you.

S 1: What is "luxurious conditions"?

S 2: Another question: Whose luxurious party?

S 3：It should be：I'm writing to tell you about your luxurious party.

T：Can you give a suitable sentence?

S 4：I'd like to share my feelings about your party with you.

S 5：Here are my feelings about your party.

T：In the first paragraph of a letter, the writer should give a clear writing purpose.

2. A birthday party is to celebrate together and enjoy the joy and happiness, whether it is luxurious or not.

T：The main clause is good, yes, we hold a birthday party to celebrate together and share joy and happiness.

S 1：Why does the writer use "whether it is luxurious or not"? Does it mean we can ignore the "luxury"?

S 2：Maybe the writer wants to say it is not important how much it costs.

T：So this is confusing.

S 3：I think, the meaning of a birthday party is to be grateful to our parents, to appreciate what we have.

T：Good! This is what I want to say. "Luxury" means "waste", so in no case should we waste.

Redundancy：

1. Your party was so extravagant that too many foods and drinks were wasted, and you must spend a lot to pay for it, which is completely unnecessary.

S 1：It seems that it is unnecessary to say "you must spent a lot to pay for it, which is completely unnecessary".

S 2：I agree with you. Because in the first part of the sentence, there are words "extravagant... too many... ".

T：Well done! You have found the redundancy.

2. Your party was too extravagant to save money and to protect our environment.

S 1："Too extravagant" means waste, of course it doesn't save money.

Ss：Yes.

T：That's redundant.

3. Various foods were wasted because of the incorrect using.

S 1：Waste means "not correct". Does it mean there is "correct" waste?

S 2："Waste" means "incorrect using", so we should cross out "because of the incorrect using".

T：Good feedback!

The sense of readers：

1. Hoping that you'd have a right attitude towards money.

S 1：In my opinion, his friend can not accept it.

S 2：If I were your friend, I would be angry. Why do you think I don't have a right attitude? Just because I am "好客的（hospitable）"? It's unfair!

T：Yes, even if we are right, we are supposed to consider our friends' feelings. Put yourself in others' shoes.

2. I think you should have an awareness of saving money.

S：Everyone should have an awareness of saving money.

T：Yes, maybe your friend will accept your advice if you use "we", but not "you". Everyone should be thrifty.

3. Have you thought there are too many people in starvation?

S1：Maybe your friend will not invite you to his party next time.

S2：This is to blame the friend.

T：Ah, as a teacher, I'll choose an acceptable way to give such a suggestion.

Style of writing：

1. Look forward to your reply/ seeing your changes.

S：I'm looking forward to...

T：Yes, this is an imperative sentence, which means you ask or order sb to do sth. You are always doing a good job!

T：As to this composition, we should also think about：

1. Is the letter formal or informal?

2. Is the information general or specific?

3. Are the details concrete or abstract?

II. Useful chunks

at a party, have / give / throw a party, go / come to a party, attend a party; the meaning of one's birthday party;

waste sth, disturb sb;

give you blessings, have blessings for you, count your blessings, generosity, hospitality

III. Beautiful sentences given by students

1. What a waste the food at your birthday party was!

2. As we know, wasting food is not what we should do.

3. With the foods wasted, I was wondering what meaning of our birthday party was.

4. Food wasted, our virtue is lost.

5. What I am confused about is whether you were supposed to spend so much.

6. The noise of the party was too loud for your neighbors to go to sleep, which was, of course, annoyed them.

7. So noisy was our party that your neighbors were bothered.

8. If our party had not lasted so long, your neighbors would have had a better sleep.

9. It was not until middle night that our party was over, which disturbed your neighborhood.

10. Thrift, our virtue, means valuing labour, which is a must for us.

11. It is our parents who provide us with what we need.

12. The meaning of our birthday party is extending our gratitude to our parents for giving us lives and celebrating our growth, which means more responsibility.

Possible version: (given by a student)

Dear Tom,

I'm glad to have attended your birthday party last Sunday. But I have to say it was the most luxurious birthday party I'd ever attended.

For us teenagers, there is no need to be that extravagant because we mainly get living expenses from our parents. And it is not right to waste so much food. What's more, the party with loud noise went on late into the night, which bothered the neighborhood.

In my opinion, the meaning of the birthday party lies in sharing the pleasure of our growth with our friends. It's great fun to get together, for the feelings instead of for the expensive food and splendid decorations.

Thank you for inviting me again, and I'm sure we'll have an economical but happy party next time.

Yours,

Li Hua

4.8.3 后测学生作文语言分析

测试中，学生的写作时间是有限的，话题是给定的，且没有人可以求助。但是，学生写作上的进步是很明显的。

从作文的讲评课内容的"Beautiful sentences"中，我们可看出，学生使用了各类从句，如 What I am confused about is whether you were supposed to spend so much. 以及 As we know, wasting food is not what we should do. 用到了主语从句、表语从句、非限制性定语从句。学生能灵活使用非谓语动词，如 With the foods wasted, I was wondering what meaning of our birthday party was. 使用了 with 结构；Food wasted, our virtue is lost. 使用了独立主格结构。学生能自如地使用强调句式、倒装句等特殊句型，如 It was not until middle night that our party was over, which disturbed your neighborhood. 及 So noisy was our party that your neighbors were bothered.

从词汇的角度看，如 Thrift, our virtue, means valuing labour, which is a must for us，学生知道用 value 作动词，must 作名词用；而在 The meaning of our birthday party is extending our gratitude to our parents for giving us lives and celebrating our growth, which means more responsibility. 可以看出，学生用 extend 和 gratitude 分别代替 express 和 thanks。词汇和句式的丰富大大提升了作文的准确性、得体性和流畅度，提升了作文的质量。

4.9 前后测学生作文数据对比分析

基于扫描后返回来的答题卷，研究者给学生作文重新评分，并根据智学网所提供的分析数据和前测进行分析比较。

4.9.1 前后测作文分数段的比较

后测作文的整体分是三位研究者所给分数的平均分。如果平均分超过 0.5，就进为 1，打分的标准参照"高考全国卷英语作文评分标准"。五档作文为 21—25 分，四档为 16—20 分，三档为 11—15 分，二档为 6—10，一档为 1—5 分。下表是学生的前后测作文得分统计。

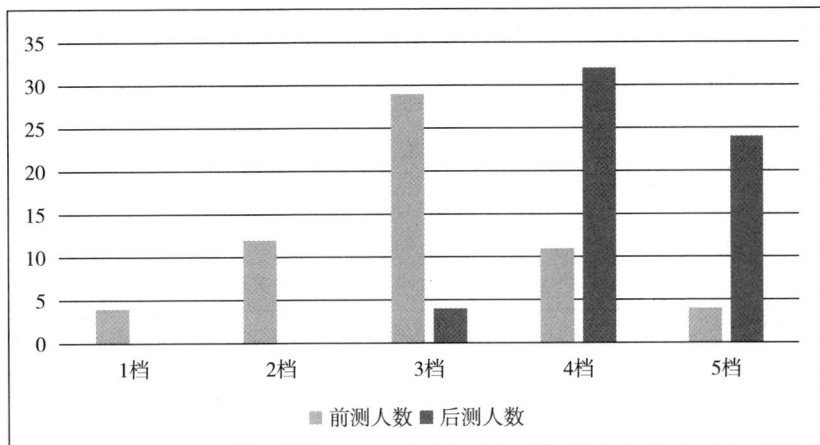

图 4-3　实验班前后测作文分数段人数

上图表明，96% 以上的学生作文在 4 档以上，这意味着绝大多数学生的作文能达到内容紧紧围绕主题，结构严谨，语句流畅，用词较得当，表达清晰且过渡自然。

4.9.2　前后测作文错误均值对比

课题组根据智学网提供的数据，把实验班作文前后测各类型错误做对比（见图 4-4）。

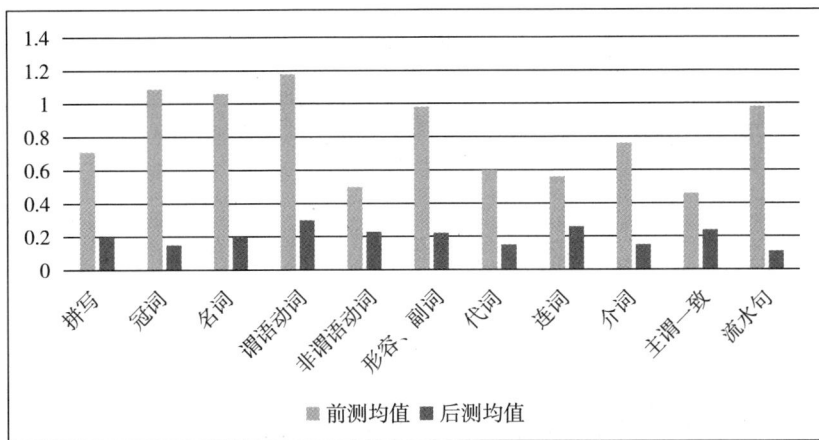

图 4-4　实验班前后测作文错误均值对比

从图 4-4 可看出，学生各项错误的均值都有了大幅度的下降，尤其在谓语动词及流水句方面。由于学生努力使用多变句式及较准确、得体的词汇，所以少数同学在连词及非谓语动词方面偶有错误。

4.9.3　前后测中6名学生作文分数对比

研究者对前测中作为个案跟踪的6名学生进行分析，也就是高水平的两个，中等的两个，低水平的两个，来研究写作训练模式对不同写作水平的学生的影响（见表4-4和表4-5）。

表4-4　后测中6名学生的作文分数

姓　　名	刘智鑫	李若愚	何杰明	孙睿智	代琪琪	王安东
分　　数	22	23	21	19	21	18

表格显示，6人中有4人写出了结构较严谨、内容充实、语言较流畅、错误较少、卷面干净的作文。虽然王安东只得18分，但与前测相比，他也取得了长足的进步。

表4-5　6名学生前后测作文分数对比

姓名	刘智鑫	李若愚	何杰明	孙睿智	代琪琪	王安东
前测	20	18	20	15	17	15
后测	22	23	21	19	21	18
差异	+2	+5	+1	+4	+4	+3

表格中数字的增长体现了低水平的学生进步较大，这支撑了"合作写作是帮助后进生取得进步的最有效途径"这一观点。而高水平学生的进步幅度小也是合情合理的，因为满分是25分，能提高1到2分已很不容易了。

4.10　实验班与年级作文成绩对比

在研究的第三阶段，学生共完成了三十多篇作文，作文整体质量与年级学生作文相比有明显的提高。

在高三下学期，学校为检测学生的阶段性复习效果，会组织学生参加四次多校联考。课题组利用智学网试卷评改系统，将实验班在高三下学期四次联考学生作文错误均值与全年级学生作文错误均值做了对比（见图4-5）。

从上表可以看出，实验班学生在各项错误记录中都远低于年级均值，而在前

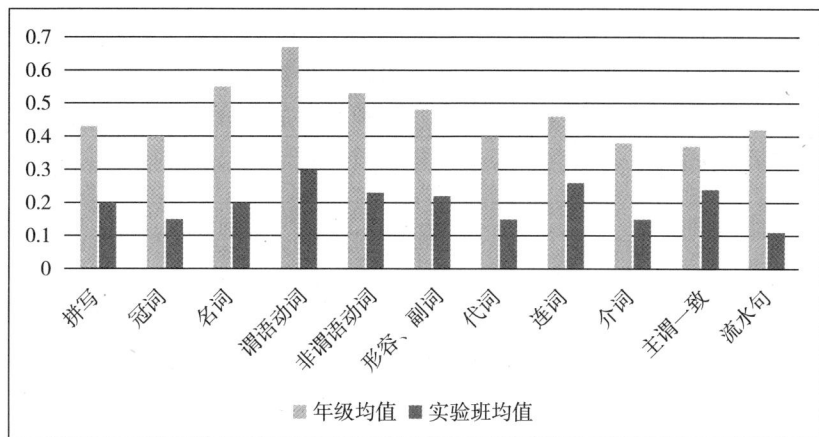

图 4 - 5　高三下联考作文错误统计对比

测中错误的均值几乎是相同的。尤其是在谓语动词和非谓语动词的使用及句间的连接等方面，实验班优于非实验班。

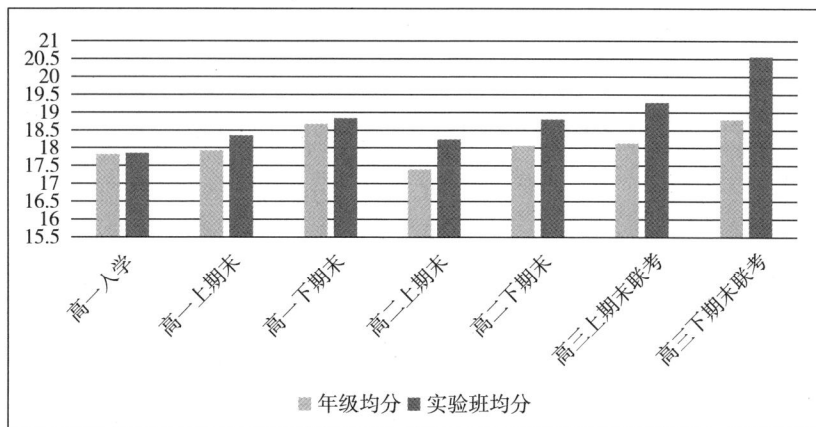

图 4 - 6　实验班与年级作文成绩对比

从图 4 - 6 可以看出实验班从入学的前测到高三的下学期最后一次联考作文成绩与年级均分的对比。基于前两年的写作训练，实验班学生写作的综合能力有了质的飞跃，具体说来，学生的作文无论从结构、内容、语言上都达到了课题研究预期的目标。写作课上，在写前他们几乎不讨论，多数学生习惯于打草稿，全班基本能在 15 分钟左右完成第一稿；自评认真，互评扎实，卷面整洁，书写较规范。

在考试中，他们写作前思考的时间短，正如学生所说，"要求写的话题似乎都练过，想用的词句多可以在大脑中自然呈现"。他们基本做到：能把握住写作任务的主题，内容完整并围绕主题展开；语言运用较贴切、得体，且部分优秀生会努力使用较高级词汇及多变的句式，以体现语言的多样和灵活性；段落拓展中能考虑各要点间的关系，段落有照应，行文较连贯。

第 5 章　结　论

本课题自 2018 年 9 月进入研究以来，依托教材单元话题，采用"以读促写，合作写作和自评互评"的过程性写作训练模式，得到了参与师生的充分肯定，学生的书面表达能力有了明显提升，取得了研究的预期成果。

5.1　理论成果

写作课堂的每一步都在践行指向学科核心素养的英语学习活动观，丰富了高中英语写作教学策略。

1. 丰富了英语写作教学策略

较之传统写作教学"老师布置—学生写—老师改"的单一写作模式，过程性写作模式下学生有"写什么"的话语权和纠错的机会，且可以获取同伴帮助，这凸显了学生在课堂中的主体地位，培养了学生的责任意识和合作意识。在一定程度上，重在写作过程的英语写作训练模式丰富了高中英语写作教学策略。

2. 促进了学习方式的转变

在老师引导下的"以读促写"使学生做足了写作"准备"；"合作写作"减轻了学生对写作的焦虑，获得了合作学习的乐趣；学生的自评互评是对"自主、合作和探究"学习方式的探索。

3. 落实了"教—学—评一致性"

"教—学—评一致性"以核心素养为导向，它把教学、学习、评价三方面的活动与教学目标相匹配作为检验一致性的标准。教学目标是"教"和"学"的出发点和归宿，是"评"的依据。以读促写，就是通过"读"来习得语篇知识、文化知识、话题词汇等，这个输入活动就是为输出活动"写作"做准备的，"教"和"学"目标一致。合作写作是合作学习的一种方式，这是《课标》倡导的"学"的一种方式，而基于量表的"自评和互评"凸显了评价方式的多元性。所以，这种写作训练模式就是在实施"教—学—评一致性"教学。

5.2　实践成果

5.2.1　写作教学模式的形成

精心组建合作写作小组。每组 3—4 人，做到"组内异质，组间同质"，人人积极参与。

经过实践中的不断研磨，英语书面表达训练课的基本步骤如下：

第一步　阅读范文——激活知识，明晰框架。首先，老师帮助学生激活单元话题，并研读教材"Communication Workshop"的"Writing"中所提供的范文，引导学生分析短文的主题、语篇类型和结构、语言风格等，领会每个"Stage"的要求，归纳写作时可以用到的词汇和句式，学生可以参考"Writing Help"的内容。

第二步　小组讨论——议话题，提语块。学生在一个较具体的主题上提出自己的想法，谈短文的框架及可能会使用的主题句、短语和句型。

第三步　写第一稿——独立打草稿。在写作过程中，学生要保持安静，不得讨论和询问。如有必要，可以参考工具书和教科书。老师巡视，但非必要不提供帮助。

第四步　自评——关注语法、主题句和支撑细节。学生分析句子，独自找出错误并改正。其中包含句子层面的错误，例如主谓不一致，冠词的使用，形容词、副词的转换，动词时态，连接词的使用等。

第五步　互评——关注所用词汇是否准确、信息表达是否清晰、语篇是否连贯等。互评的步骤和重心是：

一是，以形式为导向。关注文章的组织结构等。

二是，以内容为导向。关注话题和内容的关联度。

三是，以语言为导向。修改写作中的语法错误，所用词汇的准确与得体性。

互评中，学生用代码来指代错误，例如 Cap 代表大写，P 代表标点，SP 代表拼写，VT 代表动词时态，WC 代表词汇选择，SV 代表主谓一致。这也是老师给学生习作反馈的常用代码。依据"评分量表"给作文赋分。

第六步　写二稿——依据建议修改，写二稿。在充分考虑同伴所给的一些关于作文结构、内容及语言的准确性等方面的建议后，学生开始对自己的习作进行修改。在交作文之前，学生依据"写作错误统计表"记录自己作文的错误。

第七步　教师反馈——给学生建议和信心。及时反馈，上好作文讲评课。

第八步　写第三稿——磨成精品。学生再打磨，使作文在语言、内容及卷面上全面提升。

5.2.2　学生进步

经过近三年的训练，基于教材单元课文的学习，语篇知识和话题词汇的积累，写作体验的丰富，以及合作过程的优化，学生的书面表达能力有了明显提高，学习英语的兴趣和自信心也在不断增强。具体表现在以下几个方面：

1. 语用能力的提高

课题研究践行了指向英语学科核心素养的英语学习活动观，提高了学生语用能力。研究所设计的书面表达练习具有综合性、关联性和实践性特点，使学生通过课文的学习理解、应用实践、迁移创新等一系列的活动，学会用所学语言去表达个人观点、意图和情感态度。

大多数学生能根据作文题目的要求来选择正式或非正式、直接或委婉的语言形式，表达自己和理解"读者"的态度、情感和观点，能较好使用告知、申请、道歉、请求、祝愿、建议、拒绝、接受等应用文形式，体现了学生跨文化的理解及得体的语言运用。如学生在写申请、请求、投诉、对师长等的邀请时，知道使用较正式和委婉的语言形式，这样会让对方能理解和接受；写给同辈的告知、祝愿等可以用非正式语言，对方也因此会感到亲切。

2. 思维能力的提升

程晓堂（2018）认为，写作训练可以提高思维能力。写作的准备阶段，包括收集甄别和遴选材料的过程，以及确认写作的目的、规划写作结构与布局等过程；写作阶段则包括概括、分析、综合、比较等过程；而修改阶段则包括反思、评价等过程。这些进程都涉及不同层次和不同类型的思维活动。如学生写的"垃圾分类"话题，学生要考虑"为什么？"即垃圾分类对"人"，对"自然"及对"社会"文明程度的影响，以及垃圾不分类处理会带来的危害。其实这正是课文关注的三大主题语境，对写作话题拓展的"三个维度"。毫无疑问，这会有利于学生发散性思维、聚合性思维及逆向性思维能力的培养，有助于学生深度学习习惯的养成。

"学生对主题意义的探究应是学习语言的重要内容，直接影响学生对语篇理解的程度，思维发展的水平和语言学习的成效。"（教育部，2018）

3. 合作意识的增强

相对于传统写作教学"学生写—教师改"的单一教学模式。学生"自评互评"是对"自主、合作和探究"学习方式理论的践行。

课堂中，教师组织小组合作写作和评析，学生学会了选择自己喜欢的话题，能主动参与讨论、互评等活动，逐渐养成了自我反思的习惯，体验到自主、合作和探究式学习的乐趣。中等水平以下的学生感受到来自同伴的帮助，而优秀生在"展示"中巩固了所学知识，且在与同伴的思辨等活动中提升了语言的综合能力。所以，学生参与合作的积极性在不断提高。

4. 学生主体意识的强化

在"以读促写"阶段，学生在老师的引导下激活和分享已知，研析范文，获取了足够的写作所需的"脚手架"。

"合作写作"是学生共商并自己选择写什么、为什么写和怎样写的"话语权"的过程；在"自评互评"阶段，学生可以自己先纠错，再和同伴商讨如何修改和打磨作文。这充分体现了学生在课堂上的主体地位，强化了他们的责任意识和主体意识。

5.2.3 教师变化

教学相长，师生共进。参与课题组行动研究的教师三年来一直在学习和践行《课标》精神，围绕立德树人核心，在阅读、写作等教学中践行英语学习活动观，让学科核心素养在课堂落地生根。而教师自身在学习、实践和探索中也在不断成长。

1. 提升了教学教研能力

为更好地做课题研究，课题组的成员都明白：自己要有坚实的专业基础知识和娴熟的专业基本技能；要有敏锐的教育研究意识和先进的教学理念；应具备根据学情灵活地调整教材内容的能力。而要达到这些要求，唯有树立终身学习思想，求新求变的理念，以学养教，以研促教。同时，要扎实推进研究就不可能不遇到"出乎意料"的问题，而要解决这些问题就需要查阅文献，思考对策，就需要群策群力。

三年来，无论是教研活动还是教学实践，课题组成员总是人人积极参与，个个倾情投入；在实践中探索，在反思中进取。辛勤汗水换来的不仅是全体成员教学理念和方法的改变，还有师生和家长对突出教学成绩的赞誉。

2. 培植了融洽的师生关系

参与课题研究的教师总是认真打磨每节课，精心设计每个活动，力求有新意、有实效，这是研究者对《课标》精神的领悟和践行，对学生认知、情感、兴趣爱好等的新认识，也是对学生作为学习主体的尊重。老师的这份"用心"得到了更多孩子的理解和积极配合，他们知道感恩，知道如何回报。亲其师就会信其道，信其道就会乐其学。"以读促写、合作写作和自评互评"的过程性英语写作教学模式不仅为学生创设了使用所学语言的机会，而且为师生和生生搭建了互助的平台和成长的天地。

3. 结出了丰硕成果

在过去的三年里，课题组成员积极参与各类教学大赛，吴福军、刘晓静、朱丽君、胡晓娟等先后获得省市大奖；基于对实验过程的总结和反思，课题组先后在省级以上刊物上发表了十多篇论文（见表 5-1）。

表 5-1 课题组成员发表的文章

成果题目	刊物、刊号或出版社	作者	发表时间
基于"合作写作和同伴反馈"提升高中生写作能力的实践研究	《安徽教育科研》CN 34-1331/G4	杨玉乐	2020 年第 2 期
"过程体裁法"在高中英语分类写作教学中的探究	《安徽教育科研》CN 34-1331/G4	王德美	2020 年第 7 期
高中生英语写作现状调查与策略探讨	《基础教育课程》CN11-5187/G 人大转《中学外语教与学》G381	王德美	2019 年第 5 期 2019 年第 10 期
运用语篇知识提升高中生英语书面语言表达能力的行动研究	《中学课程辅导》CN14-1307/G4	王德美	2019 第 4 期
高中英语培养学生英语写作能力的有效策略	《教育学文摘》CN 11-5773/G4	刘晓静	2020 年第 14 期
词块理论在高三英语词汇复习中的应用探究	《英语教师》CN12-1319/G	吴福军	2019 年第 9 期
合作学习在高中英语阅读课堂教学中应用探究	《中学生英语》CN42-1862/H	吴福军	2019 年第 12 期
师生合作评价在高中英语写作上的探究	《中学生英语》CN42-1862/H	胡晓娟	2019 年第 9 期
英语学习活动观下高中英语"以读促写"教学实践探索	《安徽教育科研》CN 34-1331/G4	朱丽君	2021 年第 2 期
基于以读促写理念下的高中英语写作教学探究	《教育考试与评价》CN51-1766/G4	朱美玲	2019 年第 7 期
浅谈如何提高高中生的英语写作能力	《英语教师》CN12-1319/G	朱美玲	2020 年第 6 期
以读促写模式在高中英语阅读教学中的应用	《英语教师》CN12-1319/G	朱美玲	2020 年第 24 期

4. 课题成果推广受好评

本课题研究成果显著，实验班级学生的英语综合能力凸显，为此，合肥市教科院两次在合肥一中举办了面向全市的《培养高中生英语书面语言表达能力的实践研究》的成果展示和推广活动。同时，王德美老师在市内外做了多场专题讲座，杨玉乐受邀在合肥二中、合肥四中、合肥十一中、合肥三十二中等十多所学校做有关

"培养高中生英语书面表达能力"的讲座，深受师生好评；课题组成员为市内外教师上示范课十几节，刘晓静、朱丽君、李婷等受邀去蚌埠二中、巢湖二中、合肥七中、合肥四中等学校上课和指导二十多次；吴福军等面向全国做线上讲座，推广研究成果，同时，他参与北师版教参的编写并上示范课；刘晓静、朱丽君、李婷等参与北师教材编写组的课例研讨，受到主编王蔷及教材编写组的高度评价。

持续的写作示范课的展示、专题讲座、论文的发表及专著的出版将大大助推研究成果的推广应用。

北师大教材编写组对三位说课老师（刘晓静、朱丽君、李婷）的评价：

北师教材主编王蔷老师对三位老师的评价：

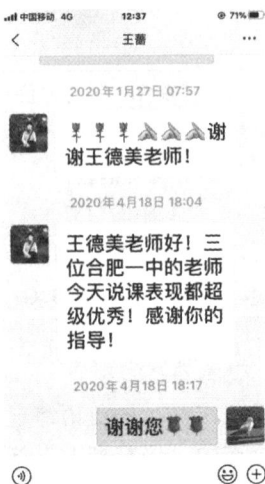

合肥教育云平台上，有关于本课题组面向全市做的讲座和展示的新闻报道。

金秋话收获 行动正当时

——记杨玉乐老师关于《培养高中生英语书面表达能力的实践研究》
课题成果展示

2020 年 10 月 22 日下午，由合肥市教科院王德美老师和合肥一中杨玉乐老师主持的省规划办课题《培养高中生英语书面语言表达能力的实践研究》课题成果展示活动在合肥一中顺利举行。展示活动中，安徽大学国际教育学院院长、博士生导师胡健教授就高中英语读后续写教学的理论与实践做了专题讲座，杨玉乐老师就课题研究的过程和已经取得的成果进行了展示与分享，刘晓静和朱丽君两位老师结合课题研究以说课的形式展示了两节读写结合的英语课。

受邀参加展示活动的胡健教授就高考新题型"读后续写"做了系统而详尽的理论阐释和实践指导。讲座内容围绕引子、理论依据、发展历程、研究述评等八个方面进行展开。

胡教授给大家解释了"读后续写"的由来、内涵和意义。"读后续写"具有释放学生想象力、外语理解与产出紧密结合，以及创造性模仿和使用语言等九大优点。在理论介绍的基础之上，胡教授还就读后续写的评分标准、解题过程、解题策略、教学实践和备考建议做了具体阐释，给老师们未来的相关教学指明了方向、提供了思路。

杨玉乐老师代表课题组就省级课题"培养高中生英语书面表达能力的实践研

究"的选题研究方法和预期成果做了说明。"培养高中生英语书面表达能力的实践研究"是从王德美老师设计的涉及写作认知、过程、思维、资源、体裁和语篇、语言及学生需求等八个方面50个题目的问卷开始，基于对调查结果的分析确定了课题的方向：基于英语学科核心素养下，以北京师范大学版英语教材的八个模块为单元话题教材，在单元语篇阅读教学中，逐步渗透语篇知识，关注语篇类型，积累话题词汇和句型，强化写作过程中的合作和自评互评，优化并完善写作教学模式，从而培养高中生英语书面表达的能力。

杨老师以丰富翔实的过程性材料向大家展示和诠释了行动研究从"发现问题""提出假设""调查研究""验证假设""收集文献""制定计划""实施计划""收集数据""分析数据""总结评价"到"撰写报告"等重要环节。他用扎实的理论功底给大家解释了课题的每个环节是"为什么"，课题组实际"做了什么"，有了"什么效果"和还有"什么问题要解决"。他向大家推荐了有关写作的好书，介绍了王德美老师倡导的"过程体裁法"，分享了研究中期的成果。课题尚在进行，团队已硕果累累，成员围绕写作过程、以读促写、同伴互评等教学环节在省级以上刊物上发表论文12篇，其中王德美老师的《高中生英语写作现状调查与策略探讨》被人大报刊复印转载。同时，她领衔主编北师大高中英语新教材选择性必修第三册教参，吴福军、刘晓静、朱丽君、李婷等课题组成员参与了说课及课例的编写和录制。

杨老师的展示让全体与会者对行动研究有了更进一步的认识：立足自己的教学实践，重在行动，贵在探索，静待收获。

为了更好地与参会老师们探讨以读促写的教学模式，课题组的朱丽君和刘晓静两位老师分别进行了说课展示。朱丽君老师设计的是 Memories of Christmas

阅读课，首先从主题意义及选材意图等角度去解读文本，再分析预判学生在知识、语言和技能方面的已知和缺口，清晰完整地呈现了本课的解读。朱老师具有亲和力的说课，既把握大方向又落实小细节，将课标渗透在文本的解读中，将英语学习活动观落实在课堂任务设计中。

刘晓静老师的 An Event Description 写作课分享，以"人与社会"的单元主题为引领，以教材语篇写作为范本，在教学实践中发展学生谋篇布局能力，"学习理解""应用实践"和"迁移创新"阶梯状展开，最终达成描述事件、传递情感的教学目标。刘老师娓娓道来，严谨而沉稳的教学风格让人印象深刻。

本次课题研究成果展示活动内容丰富多彩，既有理论的指引也有实践的分享，与会教师们纷纷表示获益颇丰，希望在未来的教学中尝试实践新的理念与方法。相信此次课题研究将继续顺利推进并取得丰硕成果，为广大英语教师的日常教学提供启发与借鉴。

活动结束后，王德美老师又主持了课题推进会，对课题前一阶段的工作给予了充分肯定，并对课题下一阶段的结题工作进行了部署，明确了任务，提出了要求。

2020年的金秋，是课题组收获的季节，是分享的季节，也是合肥英语教育人落实学科核心素养，使用新教材，踏上探索新征程的开始。

合肥一中　徐鑫

2020.10.22

勤研善教共成长　课题引领硕果香

——记杨玉乐老师关于《培养高中生英语书面表达能力的实践研究》
课题成果展示和推广

2021年6月10日的下午，尽管天气闷热异常，合肥一中B3一楼阶梯教室却仍然济济一堂。英孚教育的外籍英语教师以及合肥市各区县的英语老师代表齐聚合肥一中，共同聆听合肥一中英语特级教师杨玉乐老师给大家带来的省级课题《培养高中生英语书面表达能力的实践研究》成果的展示。合肥市英语学科教研员王德美老师亲临指导。

首先，杨老师简单介绍了课题研究的背景、各个阶段及其任务和课题组主要成员。杨老师用简洁的语言，给大家清晰地描绘出一张行动研究的线路图。

在文献综述的展示中，杨老师给大家分享了课题组老师们所阅读的二十多部

原版写作书籍，以及每一本书给写作教学的指导和启示。令大家尤为敬佩的是杨老师能脱口而出每一本书的大致内容以及亮点和要点。这不仅体现出在杨老师的带领下，成员们做课题的扎实深入，更体现出一位老教师在教学态度上的严谨务实。

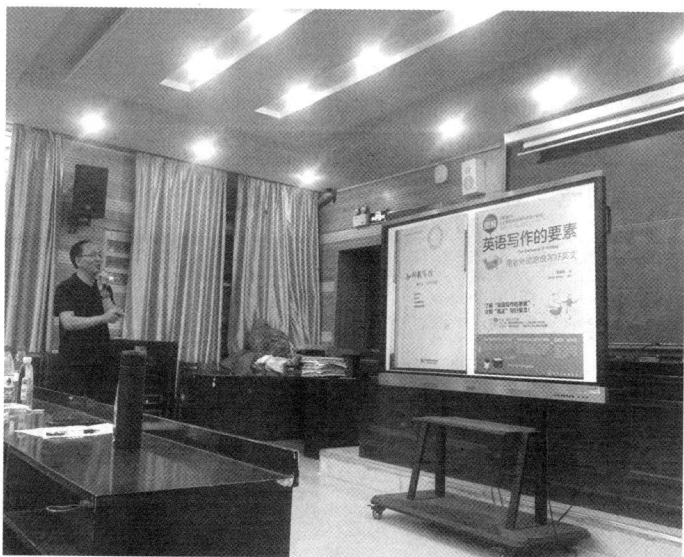

部分研究过程性材料的展示最是让大家震撼。虽因时间有限，杨老师只能简要地向大家展示课题组在实施课题阶段所收集的学生写作调查问卷及分析、单元写作教学设计、评价量表、写作教学视频、课题大事记、学生访谈、写作课堂观察以及课题组发表在各类省级以上刊物上的论文等，但 PPT 中鲜活的实料让大

家目不暇接，兴趣盎然。两位外籍专家不时露出赞许的笑容。

　　杨老师给大家展示的不仅是如何做好科研课题，而且是一位新时代教师的风范——勤研善教，启智育人。杨老师的分享翔实精彩，语言风趣幽默。近两小时的课题展示干货满满，与会的老师深感受益匪浅。

　　王德美老师对课题研究给予充分肯定，对此次展示给予高度评价，并希望大家在教学的实践中，勤于总结反思，乐于实践探索。

　　三年来，课题组凝心聚力，扎实深入地推进课题研究，取得了预期的成果。虽然此次课题研究已近尾声，但正如杨老师在结束展示时所说，行动研究没有终点，教研永远在路上。

合肥一中　王赛云报道
2021.07.12

时光不解情怀与豁达，用盛宴叩响六月华章

——记合肥一中杨玉乐老师在合肥四中的高考专题讲座

　　初夏的雨后，泥土也吐露着芬芳。五月的尾巴来不及藏好自己的匆匆，便已经做好迎接六月的双子座。教学楼外是万物静谧生长，却也忍不住挺直身板，拉长脖子为了一探教学楼内的热闹非凡，2021年5月18日早晨，合肥一中英语特级教师杨玉乐老师拨冗莅临合肥四中四为楼合班教室为毕业班的学子和英语组的老师们带来了一场视觉与思维的盛宴。

    杨玉乐老师和蔼可亲，用亲和力融化了学生们紧张的情绪，用智慧调动了学生的思维，用艺术教学启发了学生思考，用笑容和温暖的鼓励带动了学生的积极性。杨老师精心准备了每个知识模块的讲解，一步步引领学生去感知高考，化解学生的困惑，尤其在写作方面，给学生在文章的审题、布局、谋篇和连贯方面指点迷津。三个小时的讲座对于学生而言过于短暂，就像戛然而止的音乐，学生沉浸其中一时半会儿抽不出身来，发现讲座已经结束了。

    时隔许久，再次有幸听到杨玉乐老师的课堂，很多青年教师也由衷感慨像杨老师这样的教育大家真的是吾辈楷模，无论是课前做足充分准备检查器材设备，甚至亲力亲为擦干净黑板，还是课堂中的教学艺术、知识素养和教学深度都为年轻教师们树立了学习榜样，用行动诠释了教育情怀，唤醒教育初心，指明了小辈们学习的方向。

    诲人不倦，笔耕不辍，杨老师的一场讲座不仅启发了合肥四中学子们从容对待高考，也启发了四中青年英语教师们不忘初心，牢记教育使命，在教育道路上不断求索。

合肥四中：姚云

2021.05.18

5.3 研究的不足

1. 在范文研读方面

在写作教学中，通过教材中 Communication Workshop 所给的范文研读，学生获取了写作的框架，而在 Writing Help 中又可以得到写作所需的 Useful vocabulary，这在一定程度上解决了学生写作的困难，降低了重组语言的难度，写作也成了仿写。但这在一定程度上限制了优秀生写作中创新的成分，束缚了创新能力的发展。

同时，以读促写的理论认为，写作前的范文研读应该是建立在教材单元课文学习的基础上，即围绕单元主题意义下课文的研读，引导学生读课文的主题意义、语篇结构、连接手段和词汇等。所以，让学生喜爱读书是关键。

2. 合作小组建设方面

合作写作小组由三到四名学生组成，分组的原则尽管是"组间同质，组内异质"，但由于学生成绩不同，性格、习惯、兴趣、爱好等有异，且学生的成绩也是在变化中，所以如何让每个小组都能高效运作，除需教师强化学生的合作意识和责任外，还需用心观察、不断沟通和及时调整。学生进入高三阶段，随着他们英语综合能力的提升，互评可多在同桌间进行，这样可以提高课堂效率。

3. 在学生互动方面

受班级文化的影响，班内有些学生参与小组活动的积极性还有待提高。在"头脑风暴"环节，部分学生更关注个人的想法，不能完全用英语交流，时不时用汉语讨论；在"互评"环节，优生给同伴改作文担心耗费时间，后进生则给同伴纠错的能力弱，有一定的心理压力。老师和同伴给后进生的信任和鼓励是他们前进的动力。

4. 在写作训练量方面

基于单元话题的写作训练量不足。每个单元约需三周教学时间，如只进行一次写作教学训练，尽管师生会进行多轮反馈，但要完全实现研究的预期目标可能会有一定困难。所以在实际训练中，参与实验的班级都增加了写作次数，在阅读教学中尝试写作的微技能练习。

5. 写作评价量表使用存在的问题

一是，有些学生对作文中"语言"和"内容"难以把握和赋分，例如，对话题拓展的内容是不是围绕主题，是否算是"恰当"等判断不准；学生常忽略作文中的逻辑错误等。二是，部分后进生难于判断同伴使用的词汇是否得当，尤其是优秀生使用的高级词汇。所以，教师在学生互评过程中要给学生及时解惑。

6. 所训练的写作体裁不够丰富

在近百篇的写作练习中，话题覆盖三大主题语境的多个方面，但由于目前高考书面表达的"反拨作用"，所练体裁多是应用文、记叙文和说明文，文体多是提纲类的书信和邮件，而很少涉及续写、改写和概要写，看图表的写作同样较少。这对学生写作综合能力的培养有一定的影响。

5.4　未来努力方向

1. 提升写作教学理论水平

行动研究的问题来源于教学实践，而解决问题就必须分析问题，找出产生问题的原因，找到解决问题的途径，这些都离不开教学理论的指导。所以，作为英语教师，首先要认真研读《课标》，深刻领会其精神，努力践行其思想，并在实践中勤于总结，乐于反思；其次，是学习学科前沿理论，广泛阅读期刊，包括写作类的书籍，了解人们在英语教学方面探索的前沿，明确自己前行的方向，让理论指导教学实践，在实践中感悟理论的内涵。真正把英语学科素养落地在课堂，让写作成为学生表达思想的途径，发挥英语学科的育人功能。

2. 把"写"融入其他能力的培养中

学生的书面表达能力是一项重要的语言能力，它与听、说、读、看四项能力相辅相成，相互促进，共同发展。《课标》指出，英语表达能力是指学生用英语进行口头或书面表达的能力，特别是在真实语境中传递与沟通信息、再现生活经历、表达观点、意图和情感的能力。所以在听说教学中，可以融入主题意识、读者意识的培养和语篇知识学习，从而促进书面表达的流利性、准确性和得体性。

阅读教学是写作能力培养的主阵地，学生在围绕主题引领的学习活动中，不仅学到了语言知识、提升了语言技能和学习策略，而且增强了文化意识，发展了思维品质。这些都是书面表达能力提升所必需的元素。所以在阅读教学中，要帮助学生深挖主题意义、把握语篇类型、学习写作手段。将写作的微技能培养融入阅读教学中，给学生创设更多的使用语言的机会。

3. 丰富写作文体

随着新《课标》的实施，新教材的使用和新高考的到来，对学生书面表达能力的测试权重从现在写作的 25 分提到了 40 分，且可能涉及续写、概要写等新的文体。所以在平时教学中，如果写作文体训练不全，学生的书面表达能力将达不到新高考的要求。

《课标》要求，在阅读训练中要穿插看图预测、提取表格信息、读前、读后的讨论或写概要、续写等看、说、写活动，避免孤立的单项技能训练，所以，教学中，要注意多种文体写作的训练。

4. 用好电化教学手段

尽管教育部门规定了学生不可把手机带进课堂，但随着新技术革命的到来，新的适于学生学习的智能产品也一定会到来，如笔者所在学校曾给学生发平板电脑。学生可以在"绿色"的网上写作，让软件提醒他们作文中的语法、词汇等错误，并得到及时的修改建议，也可以实现课堂上即时的集体评析和优秀习作的赏析。同时，可以利用现在学校普遍开展的网课教学，让学生在网上完成微技能的写作练习，实现网上同伴间互评和得到老师的及时反馈。

自 2022 年 8 月起，笔者又带领团队开展新的省级课题"高考真题语料库辅助高三英语读写教学的行动研究"，并已取得了阶段性成果。

当然，随着新一轮课程改革的推进、新教材的使用和新高考的实施，在落实英语学科素养、践行英语学习活动观方面还有很多有待探索的空间。所以，在英语教学中，在提升学生书面表达能力等方面，作为教师，作为行动研究者，还有很长的路要走。

附录 1

高中英语写作调查问卷

学校_____；班级_____

亲爱的同学：你好！

本调查问卷是为了了解你的写作能力现状，仅供研究之用，每个问题都无对错好坏之分，请仔细阅读每一句话，并依照你的实际情况选择答案，每个题目有4个选择，请标出符合实际情况的选项。

本次调查问卷共设置了50个题目，涉及写作态度和认识（1—10）、写作过程（11—20）、写作资源（21—25）、写作思维（26—30）、写作体裁和语篇（31—35）、写作语言（36—40）、写作困难（41—45）和写作指导需求（46—50）等几个方面。请把答案涂在答题卡上。

1. 我喜欢英语写作
A. 非常同意　　　B. 同意　　　C. 比较同意　　　D. 不同意
2. 英语写作就是完成老师布置的写作作业和考试
A. 非常同意　　　B. 同意　　　C. 比较同意　　　D. 不同意
3. 写作能力是英语综合运用能力的体现
A. 非常同意　　　B. 同意　　　C. 比较同意　　　D. 不同意
4. 只要自己多练就可以写好英语作文
A. 非常同意　　　B. 同意　　　C. 比较同意　　　D. 不同意
5. 老师在学生写作能力提高中起决定性作用
A. 非常同意　　　B. 同意　　　C. 比较同意　　　D. 不同意
6. 有了丰富的词汇和语法知识就可以保证高质量的写作
A. 非常同意　　　B. 同意　　　C. 比较同意　　　D. 不同意
7. 高中英语教材中的写作任务很难
A. 非常同意　　　B. 同意　　　C. 比较同意　　　D. 不同意
8. 高中英语书面表达测试题很难

A. 非常同意　　B. 同意　　C. 比较同意　　D. 不同意

9. 英语写作需要大量的英语阅读积累

A. 非常同意　　B. 同意　　C. 比较同意　　D. 不同意

10. 背英语范文和写作模板对提高英语写作水平有很大帮助

A. 非常同意　　B. 同意　　C. 比较同意　　D. 不同意

11. 在开始英语写作时，我会仔细审题

A. 非常同意　　B. 同意　　C. 比较同意　　D. 不同意

12. 在英语写作前，我会列出写作提纲

A. 非常同意　　B. 同意　　C. 比较同意　　D. 不同意

13. 写作文时，我总是先打草稿

A. 非常同意　　B. 同意　　C. 比较同意　　D. 不同意

14. 在英语写作中我会先用中文列出写作要点，再把要点翻译成英语

A. 非常同意　　B. 同意　　C. 比较同意　　D. 不同意

15. 在英语写作中，我会把写作要点根据写作要求分成若干个段落

A. 非常同意　　B. 同意　　C. 比较同意　　D. 不同意

16. 遇到不会的英语单词或句子时，我会换一种方式进行表达

A. 非常同意　　B. 同意　　C. 比较同意　　D. 不同意

17. 在写作中我会尝试采用不同的词汇及句式表示相同的含义

A. 非常同意　　B. 同意　　C. 比较同意　　D. 不同意

18. 写作时，我会注意行文的流畅、句子及段落的衔接

A. 非常同意　　B. 同意　　C. 比较同意　　D. 不同意

19. 我会把在阅读中学习到的句子或短语等用到英语写作中

A. 非常同意　　B. 同意　　C. 比较同意　　D. 不同意

20. 在完成英语写作任务后，我会对写作进行通篇检查

A. 非常同意　　B. 同意　　C. 比较同意　　D. 不同意

21. 我会把教材中的写作方法指导用在自己的写作练习中

A. 非常同意　　B. 同意　　C. 比较同意　　D. 不同意

22. 我会使用英语学习网站资源来学习和提高英语写作水平

A. 非常同意　　B. 同意　　C. 比较同意　　D. 不同意

23. 我会购买或借阅英语写作参考书

A. 非常同意　　B. 同意　　C. 比较同意　　D. 不同意

24. 我会认真地去看老师给我指出的作文中的缺点和错误，搞清楚出错的原因，争取下次不再犯同类错误

A. 非常同意　　B. 同意　　C. 比较同意　　D. 不同意

25. 我会学习和借鉴同伴的优秀作文

A. 非常同意　　B. 同意　　C. 比较同意　　D. 不同意

26. 在审题时我会使用发散思维，拓宽写作的思路

A. 非常同意　　B. 同意　　C. 比较同意　　D. 不同意

27. 在写作时我会从不同的角度，不同层面去选择和组织写作内容

28. 在写作时我会关注写作内容的逻辑关系和内在联系

A. 非常同意　　B. 同意　　C. 比较同意　　D. 不同意

29. 在写作时我会关注写作表达的丰富性和得体性

A. 非常同意　　B. 同意　　C. 比较同意　　D. 不同意

30. 在学习和评价写作习作时，我会有选择地吸收他人的写作经验

A. 非常同意　　B. 同意　　C. 比较同意　　D. 不同意

31. 在写作中我会考虑作文的体裁

A. 非常同意　　B. 同意　　C. 比较同意　　D. 不同意

32. 你最不擅长写哪一体裁的作文

A. 记叙文　　B. 说明文　　C. 议论文　　D. 应用文（如：信，便条等）

33. 在写作中我会关注标题特征和语言特点

A. 记叙文　　B. 说明文　　C. 议论文　　D. 应用文

34. 在写作中我会考虑作文的语篇格式

A. 非常同意　　B. 同意　　C. 比较同意　　D. 不同意

35. 在写作中我会根据语篇类型规划语篇结构和语篇内容

A. 非常同意　　B. 同意　　C. 比较同意　　D. 不同意

36. 在写作中我会使用复杂句式和高级词汇

A. 非常同意　　B. 同意　　C. 比较同意　　D. 不同意

37. 在写作中我会考虑词汇使用的丰富和多样性

A. 非常同意　　B. 同意　　C. 比较同意　　D. 不同意

38. 在写作中我会考虑句式使用的变化和得体性

A. 非常同意　　B. 同意　　C. 比较同意　　D. 不同意

39. 在写作中我会考虑语法使用的形式

A. 非常同意　　B. 同意　　C. 比较同意　　D. 不同意

40. 在写作中我会考虑语法使用的意义

A. 非常同意　　B. 同意　　C. 比较同意　　D. 不同意

41. 在写作时，不知道如何从自己背过的单词和句子中选取恰当的单词和句子

A. 非常同意   B. 同意   C. 比较同意   D. 不同意

42. 我可以写出所给的写作要点，但是不知如何适当地增加细节

A. 非常同意   B. 同意   C. 比较同意   D. 不同意

43. 在写作时，常常是写到一半就感觉无话可写

A. 非常同意   B. 同意   C. 比较同意   D. 不同意

44. 英语写作时，我常不知道如何表达自己心中所想的意思

A. 非常同意   B. 同意   C. 比较同意   D. 不同意

45. 在写作中，我会遇到词性误用、时态错误、句型结构误用等情况

A. 非常同意   B. 同意   C. 比较同意   D. 不同意

46. 老师应该更多地关注不同文体类型的英语写作练习和写作策略指导

A. 非常同意   B. 同意   C. 比较同意   D. 不同意

47. 我希望有专门的英语写作课程

A. 非常同意   B. 同意   C. 比较同意   D. 不同意

48. 老师应该关注指导学生从阅读教材文本中学会写作

A. 非常同意   B. 同意   C. 比较同意   D. 不同意

49. 希望老师能讲授一些语篇衔接与连贯的知识

A. 非常同意   B. 同意   C. 比较同意   D. 不同意

50. 希望老师能指导学生通过评价学生习作的方法提高学生的写作水平

A. 非常同意   B. 同意   C. 比较同意   D. 不同意

附录 2

高中生英语写作问卷调查

亲爱的同学，你好！

　　本调查问卷是为了解你写作的现状，仅供研究之用，每个问题都无对错好坏之分，请仔细阅读每一句话，并依照你的实际情况选择答案，所有问题共同的 5个选项在问卷下端，请在答案卡上涂上你对每个问题的选项，并在每个问题后简单给出理由。谢谢！

　　1. 你对写英语作文担心。　　　　　　　　理由：＿＿＿＿＿＿＿

　　2. 你接受指定的作文题。　　　　　　　　理由：＿＿＿＿＿＿＿

　　3. 你希望与同伴讨论写作话题。　　　　　理由：＿＿＿＿＿＿＿

　　4. 你愿意先打草稿。　　　　　　　　　　理由：＿＿＿＿＿＿＿

　　5. 你担心写作时无话可说。　　　　　　　理由：＿＿＿＿＿＿＿

　　6. 你担心不知如何表达想法。　　　　　　理由：＿＿＿＿＿＿＿

　　7. 你担心作文中词汇和句式错误。　　　　理由：＿＿＿＿＿＿＿

　　8. 你会考虑语篇连贯。　　　　　　　　　理由：＿＿＿＿＿＿＿

　　9. 你担心在 25 分钟内不能完成写作任务。理由：＿＿＿＿＿＿＿

　　10. 你担心自己的书写和卷面。　　　　　　理由：＿＿＿＿＿＿＿

　　11. 你希望在上交作文前同伴互评。　　　　理由：＿＿＿＿＿＿＿

　　12. 你担心老师给的作文反馈。　　　　　　理由：＿＿＿＿＿＿＿

　　13. 你怕老师让你重写作文。　　　　　　　理由：＿＿＿＿＿＿＿

　　14. 你担心自己的作文被老师课堂评讲。　　理由：＿＿＿＿＿＿＿

　　15. 你愿意每周都写英语作文。　　　　　　理由：＿＿＿＿＿＿＿

　　注：共用选项　A. 非常同意　B. 同意　C. 无所谓　D. 不同意　E. 完全不同意

附录 3

The writing assessment criteria in the national curriculum

Criterion	Characteristics to mark an essay as GOOD
Content	Knowledgeable; good development of the argument; all content is relevant to the topic
Organization	Fluent expression; ideas are clearly stated/supported; to the point; well-organized/ ordering is logical; cohesive
Vocabulary	Wide rang of appropriate vocabulary; effective word/idiom choice and usage; word form mastery
Language use	Effective complex constructions; few errors of agreement, tense, number, word order/function, articles, pronouns and prepositions
Basics	Few errors of spelling, punctuation, capitalization, paragraphing
Criteria	Characteristics to mark an essay as FAIR
Content	Some knowledge of the subject; adequate range; limited development of the argument; most content is relevant to the topic, but lack details
Organization	Somewhat jumpy; loosely organized but main ideas are clear; limited support of illustrations for ideas; order is logical but incomplete
Vocabulary	Range for the chosen topic is sufficient; occasional errors in word/ idiom form, choice and usage but meaning is not obscure
Language use	Effective but simple constructions; minor problems with complex sentences; several errors of agreement, tense, number, word order/ function, articles, pronouns and prepositions, but meaning is seldom obscure
Basics	Occasional errors of spelling, punctuation, capitalization and paragraphing but meaning is not obscure
Criterion	Characteristics to mark an essay as POOR
Content	Limited or no knowledge about the subject; little to the point; little any development of the topic or argument
Organization	Not fluent; ideas are confused or disconnected; lack logical order and development; little organization

（续表）

Vocabulary	Limited range; frequent errors of word/idiom form, choice and usage; little knowledge of English vocabulary; meaning is confused or obscure
Language use	Major problems in simple/complex sentence constructions; frequent errors of negation, agreement, tense, number, word order/function, articles, pronouns, prepositions; meaning is confused or obscure
Basics	Frequent errors of spelling, punctuation, capitalization and paragraphing; poor or illegible handwriting; meaning is confused or obscure

附录 4

Writing content assessment guidelines

5＝Excellent

1. Writing is fully developed .

2. The purpose and aim of the writing is very clear.

3. The writing always flows at both the paragraph and sentence level.

4. The voice of the author is very clear and comes through strongly.

5. The words chosen are very appropriate for the type of piece being written.

6. The organization is very appropriate for the type of piece being written.

7. The conventions of standard writing are followed.

4＝Very good

1. The purpose and aim of the writing is clear.

2. The writing flows at both the paragraph and sentence level.

3. The voice of the author is clear and comes through strongly.

4. The words chosen are appropriate for the type of piece being written.

5. The organization is appropriate for the type of piece being written.

6. The conventions of standard writing are usually followed.

3＝Good

1. Writing is developed and does not appear to take much effort.

2. The purpose and aim of the writing is usually clear.

3. The writing usually flows at both the paragraph and sentence level.

4. The voice of the author is usually clear and comes through strongly.

5. The words chosen are usually appropriate for the type of piece being written.

6. The organization is generally appropriate for the type of piece being written.

7. Standard writing conventions are followed in general, but there are a few errors in grammar.

（续表）

2＝Fair
1. Writing is fairly developed although appears to take some effort.
2. The purpose and aim of the writing is not always clear.
3. The writing flows fairly well at paragraph and sentence levels.
4. The voice of the author is sometimes clear and occasionally comes through strongly.
5. The words chosen are not always appropriate for the type of piece being written.
6. The organization is not particularly appropriate for the type of piece being written.
7. Standard writing conventions are not always followed: several errors in grammar.
1＝Low
1. Writing is not well developed and appears to take a lot of effort.
2. The purpose and aim of the writing is rarely clear.
3. The writing does not flow well at paragraph and sentence levels.
4. The voice of the author is rarely clear and very rarely comes through strongly.
5. The words chosen are rarely appropriate for the type of piece being written.
6. The organization is not appropriate for the type of piece being written.
7. Standard writing conventions are rarely followed: many errors in grammar.

附录 5

Peer Evaluation Criteria 1

Unit 1　A personal letter　　　　Total score ＿＿＿＿

Items	Evaluation Contents	Score
Structure & Contents	Introduction: Who is your writing to? (2 marks)	
	Questions about his/ her life (2 marks)	
	Information about your own life and how you have changed (4 marks)	
	Reason to finish (1 mark)	
	Sign off (1 mark)	
Language	Formal or informal (2 marks)	
	Sentence structures (3 marks)	
	Vocabulary (3 marks)	
	Grammar (3 marks)	
Cohesion & Coherence	Linking words etc. (2 marks)	
Handwriting & Punctuation	(2 marks)	

Peer Evaluation Criteria 2

Unit 2　A Story　　　　　　Total score _____

Items	Evaluation Contents	Score
Structure & Contents	Setting the scene: Describing the time, place, etc. (3 marks)	
	Development: Describing the main action (4 marks)	
	Conclusion (3 marks)	
Language	Logic (2 marks)	
	Sentence structures (3 marks)	
	Vocabulary (3 marks)	
	Grammar (3 marks)	
Cohesion & Coherence	Linking words etc. (2 marks)	
Handwriting	Specification (2 marks)	

Peer Evaluation Criteria 3

Unit 3　Describing an Event　　　　　　Total score _____

Items	Evaluation Contents	Score
Structure & Contents	Introduction: why, when, where did the party take place, who? (2 marks)	
	The beginning: Preparations and how it started (3 marks)	
	Development: Describing what happened (5 marks)	
	Conclusion: Describing the scene at the end of ... (2 marks)	
Language	Grammar (2 marks)	
	Vocabulary (3 marks)	
	Sentence structures (2 marks)	
	Main idea (2 marks)	
Cohesion & Coherence	Linking words etc. (2 marks)	
Handwriting	(2 marks)	

Peer Evaluation Criteria 4

Unit 4   Describing Our City   Total score _____

Items	Evaluation Contents	Score
Structure & Contents	Introduction: Giving information about location, character, population and history (4 marks)	
	Development: Recommending places to visit and the landscape (4 marks)	
	Conclusion: welcome (3 marks)	
Language	Rhetoric (2 marks)	
	Sentence structures (2 marks)	
	Vocabulary (3 marks)	
	Grammar (3 marks)	
Cohesion & Coherence	Linking words etc. (2 marks)	
Handwriting & Punctuation	(2 marks)	

Peer Evaluation Criteria 5

Unit 5   A Concert Review   Total score _____

Items	Evaluation Contents	Score
Structure & Contents	Introduction: General information about a concert (2 marks)	
	The performance: Describing the music and your reactions to it (3 marks)	
	Audience reaction: Describing how the audience reacted (4 marks)	
	End of the concert: Describing the scene at the end of ... (2 marks)	
Language	Grammar (3 marks)	
	Vocabulary (3 marks)	
	Sentence structures (2 marks)	
	Rhetoric (2 marks)	
Cohesion & Coherence	Linking words etc. (2 marks)	
Handwriting	(2 marks)	

Peer Evaluation Criteria 6

Unit 6　　Your Dream House　　　　　Total score _____

Items	Evaluation Contents	Score
Structure & Contents	Introduction: General information about the house (3 marks)	
	Rooms: Describing the rooms (3 marks)	
	Special features: Describing any special features of the house (4 marks)	
	Conclusion: Why you like to live there (3 marks)	
Language	Grammar (2 marks)	
	Vocabulary (2 marks)	
	Sentence structures (2 marks)	
	Rhetoric (2 marks)	
Cohesion & Coherence	Linking words etc. (2 marks)	
Handwriting	(2 marks)	

Peer Evaluation Criteria 7

Unit 1　　A Report　　　　　Total score _____

Items	Evaluation Contents	Score
Structure & Contents	Heading (1 mark)	
	General description: Introduce the report with a general description of the place (2 marks)	
	List of good points (3 marks)	
	List of bad points (3 marks)	
	Conclusion: Making recommendations (3 marks)	
Language	Formal or informal (2 marks)	
	Sentence structures (3 marks)	
	Vocabulary (4 marks)	
Cohesion & Coherence	Linking words etc. (2 marks)	
Handwriting	(2 marks)	

Peer Evaluation Criteria 8

Unit 8   A Brochure   Total score _____

Items	Evaluation Contents	Score
Structure & Contents	A catchy line：Attracting readers' attention (2 marks)	
	Introduction：Some general information (3 marks)	
	Develop：Describing the main features of your service (5 marks)	
	Conclusion：Mention sth distinguishing your camp (2 marks)	
Language	Sentence structures (2 marks)	
	Vocabulary (4 marks)	
	Grammar (2 marks)	
Cohesion & Coherence	Linking words etc. (3 marks)	
Handwriting	(2 marks)	

Peer Evaluation Criteria 9

Unit 9   A Report   Total score _____

Items	Evaluation Contents	Score
Structure & Contents	Heading (1 mark)	
	General description：Introducing the report with your aim and general description of the place (3 marks)	
	List of good points (2 marks)	
	List of bad points (2 marks)	
	Conclusion：Making suggestions (2 marks)	
Language	Grammar (4 marks)	
	Sentence structures (3 marks)	
	Vocabulary (3 marks)	
Cohesion & Coherence	Linking words etc. (3 marks)	
Handwriting	(2 marks)	

Peer Evaluation Criteria 10

Unit 10　A Complaint Letter　　Total score _____

Items	Evaluation Contents	Score
Structure & Contents	Introduction: Purpose of your writing (2 marks)	
	Development: Describing the problems of the product (4 marks)	
	Conclusion: Your demands (3 marks)	
	Signature (1 mark)	
Language	Formal or informal (2 marks)	
	Sentence structures (3 marks)	
	Vocabulary (3 marks)	
	Grammar (3 marks)	
Cohesion & Coherence	Linking words etc. (2 marks)	
Handwriting	(2 marks)	

Peer Evaluation Criteria 11

Unit 11　A Formal Letter to a Newspaper　Total score _____

Items	Evaluation Contents	Score
Structure & Contents	Greeting (1 mark)	
	Your reasons for writing (3 marks)	
	Your opinion about the paper (4 marks)	
	Your suggestions (3 marks)	
Language	Formal or informal (2 marks)	
	Grammar (3 marks)	
	Vocabulary (3 marks)	
	Sentence structures (2 marks)	
Cohesion & Coherence	Linking words etc. (2 marks)	
Handwriting & Punctuation	(2 marks)	

Peer Evaluation Criteria 12

Unit 12　An Informal Letter　Total score _____

Items	Evaluation Contents	Score
Structure & Contents	Greeting (1 mark)	
	Your reasons for writing (3 marks)	
	Your school life (4 marks)	
	Your expectation (3 marks)	
Language	Formal or informal (2 marks)	
	Grammar (3 marks)	
	Vocabulary (3 marks)	
	Sentence structures (2 marks)	
Cohesion & Coherence	Linking words etc. (2 marks)	
Handwriting	(2 marks)	

Peer Evaluation Criteria 13

Unit 13　Describing an Admirable Person　Total score _____

Items	Evaluation Contents	Score
Structure & Contents	Introduction: Brief introduction about the person (3 marks)	
	The reasons for your admiration: Describing his / her personality, character or devotion to... with examples (5 marks)	
	What have your learnt from him/ her? And what will you do? (4 marks)	
Language	Logic (2 marks)	
	Sentence structures (2 marks)	
	Vocabulary (3 marks)	
	Grammar (2 marks)	
Cohesion & Coherence	Linking words etc. (2 marks)	
Handwriting	(2 marks)	

Peer Evaluation Criteria 14

Unit 14　A Letter of Application　　Total score _____

Items	Evaluation Contents	Score
Structure & Contents	Greeting (1 mark)	
	Your reasons for writing (3 marks)	
	Your reasons for liking the job (4 marks)	
	Your qualification and practical skills with examples (3 marks)	
	Your expectation (1 mark)	
Language	Formal or informal (2 marks)	
	Grammar (3 marks)	
	Vocabulary (3 marks)	
	Sentence structures (2 marks)	
Cohesion & Coherence	Linking words etc. (2 marks)	
Handwriting	(1 mark)	

Peer Evaluation Criteria 15

Unit 15　A Letter about My School/ Life　Total score _____

Items	Evaluation Contents	Score
Structure & Contents	Greeting (1 mark)	
	Beginning: Your writing purpose (2 marks)	
	Body: Describing the school, including teachers and students / your school activities (6 marks)	
	Ending: Your affections to the school (2 marks)	
	Signature (1 mark)	
Language	Formal or informal (2 marks)	
	Grammar (3 marks)	
	Vocabulary (3 marks)	
	Sentence structures (2 marks)	
Cohesion & Coherence	Linking words etc. (2 marks)	
Handwriting	(1 mark)	

Peer Evaluation Criteria 16

Unit 16 A Story in My Life   Total score _____

Items	Evaluation Contents	Score
Structure & Contents	Introduction: Briefly describe the scene and characters (3 marks)	
	Beginning of the narrative (3 marks)	
	Development of the narrative (3 marks)	
	Conclusion: A suitable ending to the story (2 marks)	
Language	Grammar (3 marks)	
	Vocabulary (3 marks)	
	Sentence structures (3 marks)	
	Rhetoric (2 marks)	
Cohesion & Coherence	Linking words etc. (2 marks)	
Handwriting	(1 mark)	

Peer Evaluation Criteria 17

Unit 17 A Personal Anecdote   Total score _____

Items	Evaluation Contents	Score
Structure & Contents	Introduction: Briefly describe the scene, giving information about what you were doing, what happened next (2 marks)	
	Beginning of the narrative (3 marks)	
	Development of the narrative (3 marks)	
	Conclusion: A suitable ending to the story with your feelings (2 marks)	
Language	Logic (2 marks)	
	Formal or informal (2 marks)	
	Grammar (2 marks)	
	Vocabulary (2 marks)	
	Sentence structures (2 marks)	
	Rhetoric (2 marks)	
Cohesion & Coherence	Linking words etc. (2 marks)	
Handwriting	(1 mark)	

Peer Evaluation Criteria 18

Unit 18　A Film Review　　　Total score _____

Items	Evaluation Contents	Score
Structure & Contents	Para 1: Briefly describe the film (3 marks)	
	Para 2: Giving a brief summary of the plot (3 marks)	
	Para 3: Giving your opinions about the film (3 marks)	
	Para 4: Conclusion and recommendation (3 marks)	
Language	Logic (2 marks)	
	Formal or informal (2 marks)	
	Grammar (2 marks)	
	Vocabulary (2 marks)	
	Clear idea (2 marks)	
Cohesion & Coherence	Linking words etc. (2 marks)	
Handwriting	(1 mark)	

Peer Evaluation Criteria 19

Unit 19　An Advisory Letter　　　Total score _____

Items	Evaluation Contents	Score
Structure & Contents	Greeting (1 mark)	
	Para 1: Your purpose of writing (2 marks)	
	Para 2: What information you need with your reasons (4 marks)	
	Para 3: Your expectation (3 marks)	
	Signing off (1 mark)	
Language	Logic (2 marks)	
	Formal or informal (2 marks)	
	Grammar (2 marks)	
	Vocabulary (3 marks)	
	Clear idea (2 marks)	
Cohesion & Coherence	Linking words etc. (2 marks)	
Handwriting	(1 mark)	

Peer Evaluation Criteria 20

Unit 20　Introducing Aliplay　　　Total score _____

Items	Evaluation Contents	Score
Structure & Contents	Para 1: Brief introduction (3 marks)	
	Para 2: The function and how to use it (5 marks)	
	Para 3: Your suggestions/ warning (3 marks)	
Language	Logic (2 marks)	
	Grammar (2 marks)	
	Vocabulary (3 marks)	
	Sentences (2 marks)	
	Clear idea (2 marks)	
Cohesion & Coherence	Linking words etc. (2 marks)	
Handwriting	(1 mark)	

Peer Evaluation Criteria 21

Unit 21　Discursive Essay　　　Total score _____

Items	Evaluation Contents	Score
Structure & Contents	Introduction: Introducing the topic, giving some background (2 marks)	
	A list of argument "for": Choose two or three points with your examples (4 marks)	
	A list of argument "against": Choose two or three points, backing up your arguments with examples (4 marks)	
	Conclusion: Giving you own personal opinion (2 marks)	
Language	Logic (2 marks)	
	Grammar (2 marks)	
	Vocabulary (2 marks)	
	Sentences (2 marks)	
	Clear idea (2 marks)	
Cohesion & Coherence	Linking words etc. (2 marks)	
Handwriting	(1 mark)	

Peer Evaluation Criteria 22

Unit 22　Classifying Trash　　　　Total score ＿＿＿＿＿

Items	Evaluation Contents	Score
Structure & Contents	Definition: What is trash classification (3 marks)	
	Reasons for trash classification (3 marks)	
	Meaning for trash classification (3 marks)	
	Conclusion and recommendations (2 marks)	
Language	Logic (2 marks)	
	Grammar (2 marks)	
	Vocabulary (3 marks)	
	Sentences (2 marks)	
	Clear idea (2 marks)	
Cohesion & Coherence	Linking words etc. (2 marks)	
Handwriting	(1 mark)	

Peer Evaluation Criteria 23

Unit 23　A letter of Complaint　　　　Total score ＿＿＿＿＿

Items	Evaluation Contents	Score
Structure & Contents	Greeting (1 mark)	
	Introduction: Purpose of your writing (2 marks)	
	Reasons for the complaint — what went wrong with the production (3 marks)	
	Your demands (and threats) (3 marks)	
	Formal ending (1 mark)	
	Signing off (1 mark)	
Language	Formal or informal (2 marks)	
	Sentences (3 marks)	
	Vocabulary (3 marks)	
	Grammar (2 marks)	
Cohesion & Coherence	Linking words etc. (2 marks)	
Handwriting	(2 marks)	

Peer Evaluation Criteria 24

Unit 24　Discursive Essay — Thrift　　Total score _____

Items	Evaluation Contents	Score
Structure & Contents	Introduction: Introducing the topic, giving some background (2 marks)	
	A list of argument "against": Choose two or three points with your examples (4 marks)	
	A list of argument "for": Choose two or three points, backing up your arguments with examples (4 marks)	
	Conclusion: Giving your personal opinion (2 marks)	
Language	Logic (2 marks)	
	Grammar (2 marks)	
	Vocabulary (2 marks)	
	Sentences (2 marks)	
	Clear idea (2 marks)	
Cohesion & Coherence	Linking words etc. (2 marks)	
Handwriting	(1 mark)	

附录 6

The record of errors in writing found by the writing group and individuals 1

Items ＼ weeks		1	2	3	4	5
Errors caused by learning strategies	Creation word strategy					
	Imaginative strategy					
	Substitution strategy					
	Simple strategy					
	Exercise transmission strategy					
	Native transmission strategy					

（续表）

Items / weeks			1	2	3	4	5
Errors caused by lack of language knowledge	Confusion of similar words	Similar words in form					
		Similar words in meaning					
	Errors of mood						
	Errors of articles						
	Errors of relative pronoun						
	Errors of past and past participle of irregular verb etc.						
Language errors caused by students' expression	Ignore and wrongly used inflection form	Tense errors					
		The third personal single form errors					
		Plural form errors					
		Case form errors					
		Gerund or infinitive errors					
The score given by the teacher							
The content score given by the teacher							
Your interest of group discussion (1—5)							
Your interest of group correction (1—5)							
Your interest of writing (1—5)							

Note: You fill in the last three blanks with the number chosen from 1 to 5, 1 means "boring" and 5 "very interesting".

附录 7

The record of errors in writing found by the writing group and individuals 2

Error \\ week	1	2	3	4	5	6	7	8	9	10	11	12	13	14	15	16
N																
Cap																
P																
VT																
SV																
Sp																
VF																
WF																
WO																
Art																
Conj.																
Adj.																
Adv.																
Rel-pron																
Rel-adv.																
RO																
Content Score																

Correction Sample Codes

N   number (singular or plural)   VT   verb tense
Cap   capitalization   SV   subject—verb agreement
P   punctuation   Sp   spelling
WC   word choice   WO   word order
Art.   Article   RO   run-on sentence
VF   verb form (pt. p, p. p, inf. , gerund, etc)
WF   word form (noun, verb, adj. adj, etc)

附录 8

高考全国卷英语作文评分标准

1. 评分原则

（1）本题总分为 25 分，按 5 个档次给分。

（2）评分时，先根据文章的内容和语言初步确定其所属档次，然后以该档次的要求来衡量，确定或调整档次，最后给分。

（3）词数少于 80 和多于 120 的，从总分中减去 2 分。

（4）评分时，应注意的主要内容为：内容要点、应用词汇和语法结构的数量和准确性、上下文的连贯性。

（5）拼写与标点符号是语言准确性的一个方面，评分时，应视其对交际的影响程度予以考虑。英、美拼写和词汇用法均可接受。

（6）如书写较差，以至影响交际，将分数降低一个档次。

2. 各档次的给分范围和要求

第五档（很好）：（21—25 分）

完全完成了试题规定的任务。

（1）覆盖所有内容要点。

（2）应用了较多的语法结构和词汇。

（3）语法结构或词汇方面有些许错误，但为尽力使用较复杂结构或较高级词汇所致；具备较强的语言运用能力。

（4）有效地使用了语句间的连接成分，使全文结构紧凑。

完全达到了预期的写作目的。

第四档（好）：（16—20 分）

完全完成了试题规定的任务。

（1）虽漏掉 1、2 个次重点，但覆盖所有主要内容。

（2）应用的语法结构和词汇能满足任务的要求。

（3）语法结构或词汇方面应用基本准确，些许错误主要是因尝试较复杂语法结构或词汇所致。

(4) 应用简单的语句间的连接成分，使全文结构紧凑。

达到了预期的写作目的。

第三档（适当）：（11—15分）

基本完成了试题规定的任务。

(1) 虽漏掉一些内容，但覆盖所有主要内容。

(2) 应用的语法结构和词汇能满足任务的要求。

(3) 有一些语法结构或词汇方面的错误，但不影响理解。

(4) 应用简单的语句间的连接成分，使全文内容连贯。

基本达到了预期的写作目的。

第二档（较差）：（6—10分）

未恰当完成试题规定的任务。

(1) 漏掉或未描述清楚一些主要内容，写了一些无关内容。

(2) 语法结构单调、词汇项目有限。

(3) 有一些语法结构或词汇方面的错误，影响了对写作内容的理解。

(4) 较少使用语句间的连接成分，内容缺少连贯性。

信息未能清楚地传达给读者。

第一档（差）：（1—5分）

未完成试题规定的任务。

(1) 明显遗漏主要内容，写了一些无关内容，原因可能是未理解试题要求。

(2) 语法结构单调、词汇项目有限。

(3) 较多语法结构或词汇方面的错误，影响对写作内容的理解。

(4) 缺乏语句间的连接成分，内容不连贯。

(5) 信息未能传达给读者。

0分

未能传达读者任何信息：内容太少，无法评判；写的内容均与所要求内容无关或所写内容无法看清。

附录 9

高中英语写作课堂教学观摩记录

授课教师：＿＿＿＿＿＿＿　学生年级＿＿＿＿＿＿＿　学生人数＿＿＿＿＿＿＿
课型：英语写作　记录人：＿＿＿＿＿＿＿
教学内容：北师大高中英语教材（2009 年版）第 ＿＿＿＿＿＿＿ 单元

步骤	师生活动情况	评论/建议
激活已知		
范文阅读		
语言建构		
写作准备		
写作过程		
评价		
作业		

附录 10

课题大事记

时间	主要活动及内容	地点
20180818	工作室成员讨论申报省课题工作会议。	合肥一中
20180929	叶传平院长、方惠主任审课题报告；王德美对课题工作进行部署；蒋信伟主任对课题提出要求。	合肥一中
20181027	课题工作会议，分析问卷结果，讨论已制定的计划，布置下一阶段工作。	合肥一中
20181125	课题组会议，总结前阶段工作，讨论下学期计划。	合肥一中
20181206	杨玉乐去合肥育才中学听课并点评，谈写作能力培养。	合肥育才中学
20190306	课题组对学生访谈材料进行分析。	合肥一中
20190518	杨玉乐老师去泗县为高三学生讲座，重点是话题拓展、丰富句式和语篇连贯。	泗县中学
20191017	杨玉乐去马鞍山省优质课大赛当评委，并点评。	马鞍山外国语学校
20191021	杨玉乐老师受合肥十一中邀请参加六校联合教研，并担任同课异构的点评，谈新教材的写作课。	合肥十一中
20191030	去利辛高级中学为高一学生讲语块积累和写作技巧。	利辛高级中学
20190110	课题组会议，总结前阶段工作。	合肥一中
20191226	张宇翔、王继玲专家讲座 Extended Writing from Different Point of View Based on Reading。	合肥一中
20200210	李婷在合肥市教育云平台为高三学生讲写作。	合肥一中
20200228	课题组线上会议，讨论疫情防控期间线上课程的写作教学，王老师布置下一段工作。	线上

（续表）

时间	主要活动及内容	地点
20200310	吴福军为北师大教材教参录制三课时示范课。	合肥一中
20200418	刘晓静、李婷和朱丽君参加北师组织的线上试教的研讨会，王蔷、王琦对三位老师的课给予高度评价。	合肥一中
20200428	课题组线上会议，讨论疫情防控期间学生线上作文批改等情况，王老师布置下一段工作。	线上
20200517	李婷在七天网为全国学子谈高三复习。	合肥一中
20200518	吴福军在七天网为全国英语教师谈高三复习。	合肥一中
20200515	市教科院组织去合肥锦绣中学视导，杨玉乐谈高三复习阶段写作——重语块积累，强语篇意识。	合肥锦绣中学
20200526	市教科院组织去肥西实验中学视导，杨玉乐老师谈高三复习阶段的写作练习。	肥西实验中学
20200623	杨玉乐在合肥一中做考前讲座，例谈人物写作的"读者意识"。	合肥一中
20200707	王德美老师检查课题工作，并对下一阶段工作进行部署。	合肥一中
20200814	朱丽君、王赛云参加合肥英语种子教师高级研修培训。	安徽贝格文化培训中心
20200916	课题组收集数据，总结工作，为市教科院组织面向全市英语教师的课题展示做好准备。	线上
20201008	由市教科院安排李婷去巢湖二中参加同课异构展示。	巢湖二中
20201022	面向全市的课题阶段成果汇报。	合肥一中
20201104	市级教研活动，吴福军老师读写展示课。	合肥一中
20201105	课题组会议，王德美老师布置课题工作。	合肥一中
20201110	课题组请包文敏到合肥四中讲座，谈"新教材和高考评价体系"，李伦军工作室参与。	合肥四中
20201111	吴福军去合肥七中讲座，谈"大观念"单元整体教学。	合肥七中
20201204	刘晓静、朱丽君、杨玉乐去蚌埠二中进行以读促写过程性写作展示。	蚌埠二中

（续表）

时间	主要活动及内容	地点
20210112	刘晓静担任北城中学优质课选拔评委并点评。	北城中学
20210226	课题组讨论课题的结题准备工作，王老师提出要求，力争以优秀课题结题。	线上
20210301	李婷和刘晓静老师承担合肥一中最后一卷的出题及打磨。	合肥一中
20210411	吴福军去北城中学为英语教师讲座，谈读写结合。	北城中学
20210510	杨玉乐去合肥二中为三校联合教研的三节课点评，谈读后写作活动。	合肥二中
20210517	胡晓娟为合肥四中高三学生讲座，谈审题和布局谋篇。	合肥四中
20210518	杨玉乐为合肥四中高三学子做讲座，谈写作中话题的拓展和语篇的连贯。	合肥四中
20210519	李婷为合肥四中高三学子做讲座，重点谈写作的话题语块和语言特色。	合肥四中
20210520	李婷为合肥四中高三学子做讲座，重点谈写作的话题语块和语言特色。	合肥四中
20210520	杨玉乐为合肥四中高三学子做讲座，谈写作中话题的拓展和语篇的连贯。	合肥四中
20210520	刘晓静为高三学子做最后一讲。	合肥一中
20210522	课题组会议，杨老师要求成员完善结题的个人材料，王老师强调时间和材料质量要求。	全肥一中
20210523	李婷为合肥一中高三学子做最后一讲。	合肥一中
20210524	朱丽君为合肥一中高三学子做最后一讲。	合肥一中
20210610	面向全市的课题成果展示。	合肥一中
20210618	请安大胡健院长作"以读促写"的讲座。	合肥一中
20210624	王德美给合肥一中集团校全体英语教师做"新课标、新教材、新高考"讲座。	合肥一中
20210716	课题组打磨结题材料。	合肥一中

课题成果展示证明

合肥市教育科学研究院

证　　明

　　兹有杨玉乐同志，在市教科院组织的全市高二年级教研活动中担任主讲专家。

时间：2020 年 10 月 22 日下午 2:30 -- 5:00

地点：合肥一中 A1 阶梯教室

课题："培养高中生英语书面语言表达能力"成果展示

　　特此证明

合肥市教育科学院

2020 年 10 月 26 日

合肥市教育科学研究院

证　明

　　兹有杨玉乐同志，在市教科院组织的全市高一年级教研活动中担任主讲专家。

时间：2021 年 6 月 10 日下午 2:30 -- 5:00

地点：合肥一中 B3 阶梯教室

课题："培养高中生英语书面语言表达能力"成果展示

　　特此证明

合肥市教育科学院

2021 年 6 月 13 日

主要参考文献

1. Ancker W. Errors and corrective feedback: updated theory and classroom practice [J]. *English Teaching Forum*, 2000, 38 (4): 42 - 45.

2. Baimes A. What unskilled ESL students do as they write: A classroom study of composing [J]. *TESOL Quarterly*, 1985, 19 (2): 229 - 258.

3. Barnard R. The need to revise handwriting systematically [J]. *English Teaching Forum*, 1997, 35 (4): 44 - 45.

4. Barra A. *Writing*: reflection and research may increase teacher understanding [J]. *English Teaching Forum*, 1993, 31 (3): 14 - 17.

5. Chrissie B. Learning to write by writing to learn: A group-work approach [J]. *ELT Journal*, 1997, 51 (2): 126 - 133.

6. Ann C N. The need to teach rewriting [J]. *ELT Journal*, 1987, 41 (1): 25 - 29.

7. Cresswell A. Self-monitoring in student writing: developing learner responsibility [J]. *ELT Journal*, 2000, 54 (3): 235 - 242.

8. Elgar A G. Student playwriting for language development [J]. *ELT Journal*, 2002, 56 (1): 22 - 28.

9. Ellis R. *Task-based Language Learning and Teaching* [M]. Oxford: Oxford University Press, 2003.

10. Enginarlar H. Sentence combining plus: a new use for an old technique [J]. *ELT Journal*, 1994, 48 (3): 214 - 223.

11. Ana F G. Providing student writers with pre-text feedback [J]. *ELT Journal*, 1999, 53 (2): 100 - 106.

12. Gao H J, Zhou Q Q. A case study of learning writing in a CMC environment [J]. *CELEA Journal*. 2004, 27 (2): 50.

13. Grade W, Kaplan R. *Theory and Practice of Writing* [M]. London: Longman, 1996.

14. Huang J. English corner and EFL extracurricular writing [J]. *English*

Teaching Forum，1998，36（2）：29.

15. Harmer J. *How to Teach Englishm*［M］. Beijing：Foreign Language Teaching and Research Press，2003.

16. Makino T Y. Learner self-correction in EFL written compositions［J］. *ELT Journal*，1993，47（4）：337－341.

17. Altan M Z，Trombly C. Creating a learner-centered teacher education program［J］. *English Teaching Forum*，2001，39（3）：28－35.

18. Ness V M. Using local materials to teach writing［J］. *English Teaching Forum*，1997，35（1）：49－50.

19. Piper A. Helping learners to write：a role for the word processor［J］. *ELT Journal*，1987，41（2）：119－125.

20. Porte G K. Writing wrongs：copying as a strategy for underachieving EFL writers［J］. *ELT Journal*，1995，49（2）：144－151.

21. Porto M. Cooperative writing response groups and self-evaluation. *ELT Journal*，2001，55（1）：38－46.

22. Reid J. A learning styles unit for the intermediate ESL/EFL writing classroom［J］. *TESOL Journal*，1996，30（6）：42－47.

23. Richards J C，Rodgers T S. *Approaches and Methods in Language*［M］. Cambridge：Cambridge University Press，2001.

24. Singh R K，Sarkar M D. Interactional process approach to teaching writing［J］. *English Teaching*，2021，32（4）：18－23.

25. Sullivan，K. Self-assessment in autonomous computer-aided second language writing［J］. *ELT Journal*，2002，56（3）：258－266.

26. Wu Z. A new try of college English writing teaching［J］. *CELEA Journal*，2004，27（5）：36－39.

27. 陈丽文."句子-段落-篇章"，循序渐进提高高中生英语写作能力［J］.中小学生英语教学与研究，2016，（1）：43－44.

28. 陈秀波.高中英语写作高级教程［M］.上海：华东理工大学出版社，2016.

29. 陈玉松，杨海春.以同伴互评促进高中学生英语写作能力发展的教学实践［J］.中小学英语教学与研究，2020，（5）：66－70.

30. 程晓堂，郑敏.英语学习策略［M］.北京：外语教学与研究出版社，2002.

31. 戴芬芳.基于量规的初中英语写作教学研究［J］.中小学英语教学与研

究，2014，（3）：39-42.

32. 董越君. 高中英语读写结合教学新思路探索［J］. 中小学外语教学（中学篇），2016，39（2）：54-59.

33. 郭强. 高中英语以读促写教学模式的实践探究与思考［J］. 中小学外语教学（中学篇），2016，39（3）：35-39.

34. 教育部考试中心. 高考试题分析（英语分册）. 北京：高等教育出版社，2020.

35. 蒋建军. 例谈高中英语读后续写的教学［J］. 中小学外语教学（中学篇），2016，39（8）：35-39.

36. 李军华，王军，柳东梅，等. 在高中英语写作课堂中使用同伴评价提高学生识错能力的行动研究［J］. 中小学外语教学（中学篇），2012，35（6）：23-29.

37. 李漫. 提升高中高英语读写课有效性的策略：以一次同课异构活动为例［J］. 中小学外语教学（中学篇），2017，40（6）：8-13.

38. 刘道义. 加强英语教师专业培养，提高教材使用能力［J］. 英语学习，2020，（7）：30-32.

39. 刘雨田，杨芳. 纠错反馈在高中英语写作教学中的有效性研究［J］. 中小学英语教学与研究，2014，（6）：61-65.

40. 楼成芳. 英语阅读教学中读写联动活动设计探析［J］. 中小学外语教学（中学篇），2016，39（1）：50-54.

41. 潘正凯. 从高考英语写作题型看有效英语写作教学的基本特征［J］. 中小学外语教学（中学篇），2012，35（12）：36-41.

42. 潘正凯，武艳云. 从输出驱动假设看高中高语教材中 Project 板块的教学设计［J］. 中小学外语教学（中学篇），2014，37（3）：1-7.

43. 中华人民共和国教育部制定. 普通高中英语课程标准：实验［M］. 北京：人民教育出版社，2003.

44. 中华人民共和国教育部制定. 普通高中英语课程标准：2017 年版［M］. 北京：人民教育出版社，2018.

45. 王芳. 中学英语写作教学研究热点与教学建议——基于对两份基础教育（外语）类核心期刊的分析［J］. 中小学外语教学（中学篇），2019，42（10）：17-22.

46. 王蔷. 英语教学法教程［M］. 北京：高等教育出版社，2000.

47. 王德美. 高中生英语写作现状调查与策略探讨［J］. 中学外语教与学，2019，（10）：43-48.

48. 王德美. "过程体裁法"在高中英语分类写作教学中的探究——以北师大版高中教材必修模块（1～5）为例. 安徽教科研，2020，(7)：97-99.

49. 王玉虹. 高考英语写作"描述表达法"的教学实践. 中小学英语教学与研究，2018，(7)：62-65.

50. 王蔷，张虹. 英语教师行动研究［M］.2版. 北京：外语教学与研究出版社，2014.

51. 吴燕. 利用同伴反馈评价量表提升高中生英语写作能力的行动研究. 中小学英语教学与研究，2019，(3)：65-69.

52. 夏谷鸣. 读后续写：英语学科核心素养的一种评价途径［J］. 中小学外语教学（中学篇），2018，41 (1)：1-6.

53. 肖立虹. 从英语学科核心素养视角看高考英语书面表达——谈谈高考英语北京卷书面表达第一节（2016 年—2017 年）［J］. 中小学英语教学与研究，2018，(1)：64-70.

54. 薛蓉. "读写联系体"理念下的高中英语阅读教学实践［J］. 中小学外语教学（中学篇），2019，42 (2)：19-23.

55. 赵玉书. "内容-结构-表达"高中英语写作修改策略的构建与应用：以2018 全国高考英语书面表达写作课教学为例［J］. 中小学英语教学与研究，2019，(7)：65-69.

56. 杨玉乐. 关于"合作写作与自我评析"英语写作模式的课堂探索［J］. 基础教育外语教学研究，2011，(7)：52-55.

57. 张利琴. 提高过程写作教学中同伴反馈有效性的思考［J］. 中小学外语教学，2013，36 (8)：7-12.

58. Melina P. Cooperative writing response groups and self-evaluation. ELT Journal［J］. 2001，55 (1)：38-46.

59. Bartels N. Written Peer Response in L2 Writing［J］. English Teaching Forum，2003，(1)：34-37.

60. 程晓堂. 在英语教学中发展学生的思维品质［J］. 中小学外语教学，2018，(3)：1-7.

61. 罗少茜. 促进学生读写素养发展的创造性写作教学［J］. 英语学习，2021，(6)：36-42.

62. 王凤娇. 核心素养导向的高中英语写作课教学模式［J］. 中小学英语教学与研究，2019，(2)：39-42.

63. 王为忠. 高中英语书面表达讲练的现状与改进措施［J］. 中小学外语教学与研究，2020，(1)：24-26.

64. 钱小芳，王蔷. 连接视角下的高中英语读写结合的途径与方法 ［J］. 中小学外语教学（中学篇），2020，43（12）：12－17.

65. 蒋建华. 阅读教学中开展读后续写活动的策略与思考 ［J］. 中小学外语教学（中学篇），2013，36（10）：29－33.

66. 徐昉. 英语写作教学与研究 ［M］. 北京：外语教学与研究出版社，2012.

67. 陈玉松. 高考书面表达评分标准对高中英语写作教学的导向意义 ［J］. 中小学外语教学（中学篇），2018，41（10）：24－29.

基于"合作写作和同伴反馈"
提升高中生写作能力的实践研究

杨玉乐

（合肥市第一中学　安徽合肥　230607）

摘　要：在高中英语写作教学中，往往是重结果而轻过程。本文解析"合作写作与同伴反馈"的写作训练过程，即基于教材单元话题语篇，小组讨论来确定写作话题；个人写出初稿；同伴反馈等步骤。实践结果表明，这不仅能提高学生的写作能力，还有利于学生合作意识和自信心的培养。

关键词：合作写作；同伴反馈；写作能力

一、问题提出

语言技能是语言运用能力的重要组成部分，而写的技能是《普通高中英语课程标准（2017 年版 2020 年修订）》"语言技能"的五项组成部分之一。尽管教师们对此非常重视，但常把写作定位在"应试"，即重在写的结果，而忽视写的过程性指导。因此，学生在写作方面担心：一是语法错误；二是对所给话题不知道如何去写；三是写作的时间总是限定的，且在写作过程中无法获得帮助。冯丹指出：许多学生往往谈"写"色变，写作是大多数学生的薄弱环节，也往往是教学中不好操作、易被忽视的环节。

为了解决教学中的这一实际问题，在 2018—2019 学年，课题组申请了"培养高中生书面表达能力的实践研究"的省级课题并获立项。

二、文献综述

1. 合作写作理论及相关研究

Wu Zhichun 指出，很多西方的学者已经证明了合作学习可以使学习者取得更好的成绩、学到合作的技能和加深同伙的友谊，同时又能相互关心和相互理解。而合作写作就是把合作学习理论用于课堂写作的方法。

王蔷和程晓堂指出：为了使写作教学更有效，我们提供过程性写作训练，即指导学生写作的每一步。潘亚玲认为：与其他同学一起做写作练习可以更好地培养你的写作兴趣，更快地提高你的写作技能。同伴的支持和鼓励，写作时间的压力的缓解会大大激发学生写作的兴趣。

2. 同伴反馈的相关研究

人教版高中英语必修一教参书第一单元指出，让学生与同伴交换写作的意见有三方面的好处：一是学生学会相互合作和帮助；二是增强学生对提高自己习作质量的责任感；三是能减轻来自老师的压力。

王蔷和程晓堂强调，能查出同伴写作上的错误对学生来说是学习的另一个渠道；帮助同伴改错能鼓励学生间的相互学习；吴燕的"在作文教学中尝试实施同伴反馈"行动研究取得了显著效果。

基于现有研究成果，本课题研究确定用"合作写作和同伴反馈"来提升学生的写作能力，即加强过程性写作训练，给学生一个发现意义、创造意义的过程。

三、问题确认

为弄清问题根源并验证假设，课题组选取合肥一中 2018 年新入学的高一学生为调查对象，采用书面问卷的方式对学生在写作过程中"遇到的困难"和"是否需要帮助"两个方面进行了调查。本次调查共随机向高一年级 40 个班级中的 10 个班级分发了 500 份问卷材料，实际收回有效问卷 494 份。调查结果表明，有 51.21% 的学生认为，"英语写作就是完成老师布置的写作作业和考试"；有 81.02% 的学生认为，"高中英语教材中的写作任务很难"；有 66.53% 的学生认为，"我时常不知道如何表达自己所想的意思"；有 74.19% 的学生认为，"因在写作中，我会有词性误用、时态错误、句型结构误用等情况，所以需要同伴和老师的帮助。"

调查结果表明，学生眼中的"写作"是给老师完成任务，应付考试；同时，学生认为，写教材给定的话题有一定的困难，且由于担心自己语法等方面的错误而希望在写作过程中得到同伴的帮助。

四、方案制订

问题明确后，课题组拟订了三个学年，即三个阶段的行动方案，细化每个学年的方案实施的内容和目标。其中，高一学年研究的主要内容是成员对行动研究、合作写作和同伴反馈理论的学习，采集相关信息并实施研究方案，如采用课堂观察、问卷调查、访谈等获取数据信息，每周一节写作教学课等；高二学年重在推进方案的实施和再完善；高三学年是研究成果的总结和反思阶段。

五、方案实施与效果

行动研究前，课题组对班内 55 名学生进行了前测，为保障本次测试和高一两个学期期末年级统考的作文进行比较，整个试卷为 150 分，考试时间为 120 分钟，书面表达是 25 分。学生在前测中作文出现的错误进行分类统计见表 1。学生在标点符号、大小写、名词的单复数、冠词用法方面错误率较高，这是写作的低级错误；其次是在动词的时态和形式方面的错误出现率较高。同时，课题组又对学生的这篇作文，从结构（7 分）、内容（8 分）、语言（7 分）和卷面（3 分）四个方面给予赋分，成绩统计见表 2。

1. 写作训练

（1）写作小组建设

每个小组必须保证弱者能得到帮助，所以教师首先要帮助学生分好能相互合作的小组。笔者把班级分成三人一个小组，而每组中要有基础相对较好、中等和基础稍差的学生相互搭配，保证"组内异质"而"组间同质"。

（2）写作训练过程

第一步　小组讨论

这个过程包括阅读、头脑风暴和讨论。王蔷和程晓堂强调，如果一个小组一起进行头脑风暴去选择话题会更有效，因为他们思想的火花可以相互点燃。小组讨论需要关注的问题有：①写什么话题？②要告诉读者什么？③段落的主题是什么？④主要的句型是什么？等。如，北师版高一第三模块第三单元的主题是"Celebration"。部分来自农村的学生，自己认为没有"有意义"聚会的经历，所以想自己设计一个"新节日"，但也有部分学生想和大家分享他们经历的快乐节日，于是选择"我的快乐节日"类的话题。学生在参阅单元的话题词汇后，小组讨论要写的内容和结构。如第一段写 Who? What? When（and where）? 第二段写 Why? How? 等，第三段写 My feelings。

基本要求：一是写作的话题要在单元话题语篇的框架内，要与学生的生活息息相关，再现生活经历。二是在讨论中，每个成员都要积极发言且要求使用英语。（5 分钟）。

第二步　写第一稿

作文最终总要个人去完成，这是课标和考试的要求。基本要求是：学生不能再讨论，课堂需保持安静，但必要时，可去查词典和参考一下课文。（15 分钟）

第三步　自我纠错

学生要养成对自己的习作进行修改的习惯。写完第一稿后，学生先自我检查一下，基本要求是：一查写作中的低级错误，如字母的大小写、标点符号、单词

的拼写、名词的单复数、主谓一致、冠词的使用等；二查短语、句型的使用，句间和段落间的连接等。（5分钟）

第四步　同伴反馈

Ancker强调说，如果要想提高学生作文的准确度和流畅性，最好的途径是让学生自己评改，如果这样仍不能达到目的，就让小组来评改。在人教版和北师版的高中英语教材单元的写作步骤中都有"working in groups"的建议。为此，课题组为学生设计了"学生自评和互评量表"，从"结构、内容、语言和书写与卷面"4个大项，11个小项对作文进行赋分。（8分钟）

第五步　写第二稿

每个学生在充分考虑到同伴对自己作文的建议后重写短文，即用写作训练的A4四线格写第二稿。（6分钟）

第六步　教师反馈

对学生的二稿，笔者会及时反馈，并对学生自己能改正的错误用一套代号表示，如拼写用Sp.表示，名词的数用N，主谓一致用SV表示等。

第七步　写第三稿

张玲棣指出，学生根据教师对于自己习作的批改进行必要修正。这样，学生对老师的建议就"不能不看了"，也正是在反复修改中，学生的写作能力才会有明显提高。当然，老师还会对第三稿做出反馈。

2. 阶段性成效

"合作写作与同伴反馈"的写作训练开始时看似比较费时，但进行近一个学年后，调查发现，学生写作的焦虑心理大大降低，而写作兴趣和能力明显提高，如学生每一步的用时在减少。

首先，课题组对学生两个学期末年级统考的书面表达，在机改后重新批阅，将作文中的错误分类平均统计，并对前后测进行对比。

表 1　学生前后测作文错误分类统计

语法项目	标点	大小写	名词数	冠词	拼写	动词形式	动词时态	主谓一致	词序	形容副词	连词	介词	代词
前测错误	1.4	1.2	1.1	1.2	0.9	1.3	1.3	0.7	1.0	0.9	0.6	0.5	0.4
后测错误	0.3	0.1	0.2	0.2	0.4	0.4	0.5	0.3	0.4	0.4	0.3	0.2	0.1

逐项对比不难发现：学生的语法错误大大减少，尤其是初级错误。同前测一样，课题组对这两次考试的作文从结构、内容、语言和卷面四个方面进行双评，即成绩是平均值，与前测统计对比见表2。

表 2 学生前后测作文四项平均成绩统计

项目	结构	内容	语言	卷面与书写	总分
前测成绩	4.4	5.5	4.3	1.6	15.8
后测成绩	5.3	6.4	5.4	2.1	19.2

班级后测作文平均成绩，高出年级第二名 1.4 分。

六、总结与反思

"合作写作与同伴反馈"的写作模式重在过程性训练，在明显提高学生写作能力的同时，还培养了学生的合作意识和集体观念。

当然，每一项行动研究都是一个在实践中不断探索和完善的过程，虽然研究取得了一定成效，但在量表使用、合作小组建设、教师反馈等方面仍有待进一步优化。

参考文献：

[1] 冯丹. 基于高中英语模块话题的写作教学探究 [J]. 中小学外语教学（中学篇），2016，39（7）：43 - 47.

[2] 王蔷. 英语教学法教程 [M].2 版. 北京：高等教育出版社，2006.

[3] 潘亚玲. 外语学习策略与方法 [M]. 北京：外语教学与研究出版社，2004.

[4] 吴燕. 利用同伴反馈评价量表提升高中生英语写作能力的行动研究 [J]. 中小学英语教学与研究，2019（3）：65 - 69.

[5] Wu Z. A new try of college English writing teaching [J]. *CELEA Journal*，2004，27（5）：36 - 39.

[6] Ancker W. Errors and corrective feedback：updated theory and classroom practice [J]. *English Teaching Forum*，2000，38（4）：42 - 45.

注：本文为 2018 年安徽省教育科学研究项目"培养高中生英语书面语言表达能力的实践研究"（课题编号：JK18050）的阶段成果，发表于《安徽教育科研》2020 年 1 月。

例谈基于发挥学生主体作用的
高中英语作文反馈课

杨玉乐

（安徽省合肥市第一中学）

摘　要： 在高中英语新课程标准的指引下，在高中英语写作教学中，虽然越来越多的教师在不断尝试读写结合，并加强对写作过程指导，但师生对作文反馈课的重视不够，老师忽略了学生的主体作用，学生对写作错误缺乏思考，以至于主题意识淡薄，话题语块匮乏，同类错误常犯。笔者探索作文反馈课的有效模式，即错例及美文收集和印发；个人修改和同伴讨论；课堂评析；亮句和美文欣赏；磨成精品。这样的反馈课调动了学生参与课堂活动的积极性，培养了学生分析问题和解决问题的能力，提升了学生综合运用语言的能力，保障了英语学科核心素养在课堂的落地生根。

关键词： 作文反馈；主体作用；错因分析；纠错能力；学科素养

在学习活动中，学生的主体作用主要表现是主体能动性、主动性和创造性得以充分发挥，学生是活动的主体。在《普通高中英语课程标准（2017 年版 2020 年修订）》（以下简称《课标》）指出，教师要转变课堂角色，从单一的知识传授者转变为学生学习的指导者、组织者、促进者、参与者和合作者，引导学生发展自主学习能力，使学生真正成为学习的主人。

一、问题的提出

在高中英语的写作教学中，很多教师努力改变"重结果，轻过程"的写作教学，注重读写结合，加强对写作过程的指导。但由于高中教学时间紧、任务重等原因，师生对作文的反馈重视不够：一方面，老师对学生作文的反馈常是基于"错"与"对"层面，标出或修改个别语法错误，打个分数；另一方面，部分学生在拿到作文本后，不仔细阅读老师的反馈直接把作文放一边，教师虽然花了大量时间批阅，却没有得到学生的重视，因此反馈也是无效的。与此同时，老师要么不再总结反馈，这样，学生自然就失去了反思和再提高的机会；要么用几分钟草草指出普遍错误，很少涉及语篇层次的错误，很少能告诉学生"为什么"和"如何改"。邵黎励和李琦认为，讲评时以讲授方法为主，未依托阅读文本对学生的习作修改策略进行指导，这些问题造成学生分析、判断、综合与表达等一系列学习能力的缺失，导致学生对习作修改方向不明确，不能有效地提高习作的质量。这样的作文反馈易于导致以下结果：

一、对错误分析的层次是"浅"的。在课堂反馈时，老师常常是只能关注语言的正确性，对用词的准确和得体度指导不足，且很少结合语篇开展深层次的指导。这会导致学生缺乏对文章主旨和谋篇布局的深入思考，写作水平进步缓慢。

二、评价主体是"单"的。仅是老师对全班作文的典型错误做概括讲解，这个过程几乎没有学生的参与，学生只是被动地听讲，他们作为评价主体的作用被忽略。学生没有自主、合作、探究的学习任务，学生的思辨能力等也得不到有效地培养。

三、学生对作文错误的认识是"散"的。通常教师在讲学生的错误时，常会围绕一些句子或用词的错误简单地提出如何修改和为什么这样修改，但没有给学生时间去讨论和思考错因及如何应对，所以对部分学生来说，同类错误会多次出现。

四、学生修改错误的思路是"窄"的。对一个错误的修改，可能会有多种途径，如，使用不同的词汇和句式，但老师提出的修改建议是有限的，而学生对错误的修改思考不足，话题词汇拓展有限，所以他们常感到话题词汇匮乏，不得不重复使用同一个词汇或语块等。这样，学生写作的能力自然是提升缓慢，短文改错能力较弱。

二、作文反馈课的探索

如何才能提高高中英语作文反馈课的有效性呢？《课标》指出，为培养学生自主、合作、探究的学习能力，教师要为学生创设支持和激励的学习环境。翁雨欣探索基于"以学生为中心""以问题为出发点"和"教师监控"等理论的作文讲评课，取得了显著成效。

笔者在主持省级课题"培养高中生英语书面表达能力的行动研究"中一直在探索高中英语作文讲评课教学，摸索出一条在教师引领下充分发挥学生主体作用的高中英语作文讲评课模式。主要步骤是：材料准备阶段，教师在及时批阅学生作文的过程中，把学生习作中出现的典型错误及美句等分类整理并记录下来，将美篇拍照保存，以备展示；课前，将上述内容以讲印形式发给学生；学生以小组形式思考错误类型及如何修改；课堂上，学生在老师引导下分析错误，拓展语块等；根据老师的反馈，学生再与同桌商讨，互相修改，磨成精品。

笔者以高二下学期的一节作文反馈课为例，谈如何基于发挥学生课堂主体作用来培养学生自主、合作和探究的学习能力。

作文的题目是：学校网站正在征集关于学生身边先进人物事迹的英语短文，请你写一位你最敬佩的人。

内容要点：1. 敬佩的人物简介；2. 敬佩的原因。

在作文课上，学生经过"头脑风暴"，写第一稿，根据"自评互评"标准完成了"同伴互评"，写第二稿等过程性写作教学环节，所以，学生交上来的习作质量较第一稿有了明显提高，大小写、名词单复数、主谓一致等低级错误会大大减少，但要把一篇习作磨成"精品"仍需老师在语言的准确和得体、句式的丰富、内容是否围绕主题等方面给予指导。于是笔者及时对学生作文进行批阅，并准备了一节作文反馈课，课堂主要活动摘录如下：

活动 1　激活和巩固

虽然是反馈课，但激活话题和思维仍是教学不可少的环节。为此，学生再思考下面三个问题：

1. Who is your admirable person?

2. Why do you admire him or her?

3. What qualities does an admirable person have? Can you write down some adjectives used to describe an admirable person?

前两个问题是围绕作文的结构和内容，旨在对语篇知识的再强化；对第三个问题，由于学生已学习了北师版教材（2019 版）中"The Admirable""Success"等话题，所以学生以"pair work"形式写出下列形容词：

confident, enthusiastic, diligent, hardworking, creative, intelligent, flexible, energetic, optimistic, friendly, devoted, dedicated, selfless, patient, cooperative, pleasant, tolerant, honest, sincere, easy-going, ...

学生通过发散思维激活已有知识，丰富了情感表达词汇库。当然，老师可作适时引导和适当补充。这样，学生在自主学习中构建和扩大了相关话题的词汇"包"。

活动 2　改错

在课堂教学中，老师不要试图讲清楚一切，而是给学生时间让他们自己去寻找信息、分析问题、解决问题，因为经过他们思考的东西才可能产生长时记忆，并转化为技能。赵玉书认为，日常英语写作教学的关键是教会学生如何修改文章，就是培养学生自我修改的策略。

在课堂上，学生有 10 分钟左右的时间对老师发的讲义先作个人修改，接着是同伴间讨论，交换修改意见，进一步明晰错误类型，展示讨论结果。

Grammatical and lexical mistakes（由学生分析后填写）

1. He has made contribution to the society.

S1：Before "society", we do not use "the".

T：Yes. Any other mistake?

S2：We should say "make a contribution" or "make contributions".

T：Good. Here "contribution" is a countable noun.

受母语影响，学生有时会忽略或没有弄清英语中名词的单复数，尤其是有些固定结构等。同伴的提醒会增强他们关注英语中名词单复数的意识。

2. We thank her contributions to our country.

S1：No. We say "thank sb. for sth", not "thank sth".

T：Good! That's the point. We are supposed to try to grasp what a verb can be followed. Have you learnt similar structures about "因 … 表扬/批评某人"?

S2：Thank sb for sth; praise sb for sth.

S3：Scold sb for sth; punish sb for sth.

T：Well done!（此类回应在后文中略）

3. He had no hesitation to go to Wuhan.

S1：He went to Wuhan without hesitation.

T：Good. "Have no hesitation" is followed by "in doing sth". So the sentence can be "He had no hesitation in going Wuhan."

4. I would appreciate it for what he has done for our country.

S：It seems nothing is wrong.

T：Let's see, if "appreciate" is followed by "if clause", we use "it", for example，I'd appreciate it if you could give me an early reply. But if "appreciate" is followed by "wh-clause", we can not use "it". Here we say "I'd appreciate what he has done for our country."

从上面的错误可知，部分学生对一些动词及词组的用法掌握不牢，这样，由学生自己归纳具有像似用法的动词，既帮助他们巩固所学知识，又有助于他们知识体系的构建。

5. He was worth being admired.

S1："Be worth doing sth." is right.

S2："Worth" should be followed by doing，not being done.

T：Right！Think about what other sentences we can use to show the same meaning.

S3：He is admirable. Or he deserves admiration.

S4：He is worthy of being admired.

正是这样以问题为引领的纠错，给学生思考的机会，拓宽了表达的方式。

6. In his thirty-ninth, he became famous.

S1：Maybe, the writer wants to say "in his thirties".

S2：The writer might want to say "at the age of 39".

7. I'll work harder andinsist on doing it.

S1：I use "keep doing". But here is no mistake, I think.

S2：Maybe "keep on doing" is also right.

S3：He is diligent and has perseverance.

T："Insist on doing" 常为 "执意要做某事"。Here it is right in grammar, but it is better to use "keep or keep on doing".

学生在讨论中，对个别词及语块内涵有了更清晰的认识。

8. He has the quality of brave and hardworking.

S1：He has the qualities.

S2：We should say the qualities of bravery and diligence.

S3：Can we say " the qualities of being brave and hardworking"?

T：Good question. Yes, we can say so. Here "of" is a preposition, so itcan be followed by a noun or gerund.

9. No only he devoted himself to the cause but also gave love to the country.

S1：The parts connected by "not only … but also" are not equal.

S2：Yes, we should say, he not only devoted himself to … but also gave his love …

T：Yes, "not only … but also … " connects the equal parts in grammatical function.

10. It is no doubt that he is my admirable person.

S1：It is no doubt whether he is my admirable person.

S2：No. There is no doubt that …

T：It is afixed sentence pattern "There is no doubt that … "

11. We don't have a happy life if we don't have him.

S：We can use "without him".

T：Such meaning can be expressed in the subjunctive mood. That is, we can say " We wouldn't have such a happy life without him." Or "but for him". This is the Subjunctive Mood.

这类错误反映了部分学生对句法知识掌握不够，或运用不够熟练，但他们的积极思考才是最有效的纠错。

12. He saved a lot of sick peoplefight against the virus.

S1：Here "fright against" seems wrong.

S2：We can use "fright against or fright the virus".

S3：The form of "fright" is not right.

T：You are right. It should be "He has saved a lot of people，fighting the epidemics."

Here "fighting the epidemic" is used as the adverbial of manner.

从学生对错误的分析中可以看出，部分学生对非谓语动词的用法不够熟练，这给下一阶段的语法教学一个提醒。

13. His career is teacher.

S1：A teacher.

S2："Career" is not "a teacher".

T：Yes，we can say "His career is teaching." or "He is a teacher." Remember：表语是主语的说明。

一个学生对错句提出修改意见，其他同学可以发表自己的看法。在好奇心驱动下，学生的词法和句法得以强化，话题的词汇得以拓宽。

怀特海认为：充满想象力的探索将会点燃令人激动的气氛，这种气氛会带动知识的变化。事实不再是进赤裸裸的事实，它被赋予了各种可能性，也不再是记忆的负担。

Redundancy

1. Of all the humans，the man I admire the most is Lei Feng.

S1：The sentence seems right.

S2：Is it necessary to say "of all the humans"?

S3："The man I admire most is Lei Feng." is clear.

2. There is admirable potential in every human being.

S1：Why is such a sentence used?

S2：Maybe the writer wants to say everyone is admirable.

T：What is the theme of your writing? Do you think sucha sentence supports your theme?

通过对以上句子的分析，学生对短文的主题和围绕主题的支撑细节有了更进一步认识，主题是短文的统领，所有的细节必须围绕主题展开，而与主题无关的内容则可能是"冗余"的。因短文字数有限，无关内容是必须删除的。

Logical

1. Many people do surprising things and they are great men.

S："Do surprising things" is great?

T：Maybe the writer wants to use "amazing" which means "very good". But even so, the meaning of the sentence is not specific.

S：We can use "so" connect the two sentences. They are cause and result.

2. He is responsible for his work but family.

S1：Does the write admire such a man?

S2：The writer means, he does more for his work than for his family.

T：Yes. Maybe the writer means that he devotes more time to his work than to his family.

Not specific

1. The people I admire are teachers.

S：The requirement is "a person", not " a group".

T：I feel proud, for most of you admire your teachers. Thank you very much! But here based on the requirements, you'd better choose one teacher to describe. The requirement is "writing about one person".

由此可知，在写作时，有学生不注意审题，对写作的要求不太清楚，犯"经验主义"错误，通过对这些错误的讨论，学生会增强审题意识和短文主题意识。

Punctuation

1. Zhong Nanshan who is a famous doctor，is someone I admire, for he saves many people's lives.

S1：This attributive clause is not right.

T：Yes. The antecedent（先行词）"Zhong Nanshan" is a proper noun, which can be followed by a non-restrictive attributive clause. So we can polish it like this："Zhong Nanshan, a famous doctor, is the person … "

不能正确使用标点符号是写作中的"低级错误"，上述错误反映了学生对专有名词需使用非限制性定语从句的要求掌握不牢。

《课标》还指出，自主、合作、探究式学习对激发学生的学习兴趣、提高学生课堂活动的参与度、促进师生间的合作交流具有重要作用，而学生能否有效地开展自主、合作与探究式学习是衡量他们学习能力发展水平的重要指标。

学生作为课堂活动参与的主体，对自己各类错误进行分析，调动了学生参与课堂活动的积极性，体现了自主、合作和探究等方面的学习能力，整个教学过程成了学生主体参与、自我评价、同伴互评、相互激励和共同提高写作能力的过程。

活动3 欣赏

学生做小组活动，每小组推荐一至两个"亮句"。老师帮助归纳出以下句子：

1) What moves/ touches me is that ...

2) He is so/ such ... that ...

3) It is he/ she that ...

4) Such is ..., an admirable teacher.

...

接着，学生从结构、语言和内容及书写等方面来赏析同伴的作文，这让部分同学既看到了差距，也有了榜样。

在整个写作讲评教学中，如果教师一味指导学生纠错，容易让学生产生挫败感，甚至畏难情绪。因此，教师应强化学生习作的亮点，帮助学生树立写作信心，引导学生相互学习。亮句和美文的欣赏会不断提升班级整体作文的质量。

活动4 重写

一篇好的文章，往往要经过数次的修改才能定稿，而成功也往往属于能够耐心修改的作者。赵玉书也强调，写作能力需要在修改评价和反馈再修改的过程中提高。基于反馈课上对错误的分析，学生对短文的主题、结构、内容等有了更清晰的认识，对用词和句式有了较宽视野。基于讲义上的互评量表，学生完成了对作文的再打磨。

同伴互评这一模式体现了新课程所倡导的"评价主题多元化"和"评价形式多样化"的理念，能有效将评价融入教学过程，发挥评价对学生的激励和促进作用。

三、结语

凸显学生主体作用的作文反馈课，加深了他们对错因的认识，丰富了话题语块，内化了短文主题和结构，拓宽了纠错思路。同时，师生共同参与评析，在一定程度上有效解决了教师无法完成的对学生个性化错误的深层分析和指导，激发了学生参与课堂活动的热情，强化了他们的深度学习意识，优化了学习策略，促进了综合运用语言技能及分析问题和解决问题能力的提高，保障了学科核心素养在课堂的落地生根。

参考文献：

[1] 中华人民共和国教育部. 普通高中英语课程标准（2017年版2020年修订）[S]. 北京：人民教育出版社，2020.

［2］吕雨珂．借助于学习性评价的英语写作教学实践［J］．基础教育外语教学研究，2020（11）：24－29．

［3］邵黎励，李琦．基于教材资源的高三写作讲评［J］．中小学英语教学与研究，2020（2）：67－71．

［4］翁雨欣．循环进阶：高考英语写作讲评模式探究［J］．中小学英语教学与研究，2020（5）：61－65．

［5］杜启达，李如密．教师要学会"藏"的艺术——教学中"藏"的内涵、价值及策略［J］．课程·教材·教法，2022，42（1）：56－62．

［6］程晓堂，郑敏．英语学习策略：从理论到实践．北京：外语教学与研究出版社，2002：124．

［7］赵玉书．"内容-结构-表达"高中英语写作修改策略的构建与应用——以2018全国高考英语书面表达写作课教学为例［J］．中小学英语教学与研究，2019（7）：65－69．

［8］陈玉松，杨海春．以同伴互评促进高中学生英语写作能力发展的教学实践［J］．中小学英语教学与研究，2020（5）：66－70．

本文系 2022 年安徽省教育科学研究项目"高考英语真题语料库辅助高三英语读写教学的行动研究"（课题编号为 JK22063）的阶段性研究成果，发表于 2022 年《安徽教育科研》11 月中旬刊。